발도르프
예술교육

-이론 편-

발도르프 예술교육 이론 편

발행일	2023년 3월 24일

지은이	장순정		
펴낸이	손형국		
펴낸곳	(주)북랩		
편집인	선일영	편집	정두철, 배진용, 윤용민, 김부경, 김다빈
디자인	이현수, 김민하, 김영주, 안유경	제작	박기성, 황동현, 구성우, 배상진
마케팅	김회란, 박진관		
출판등록	2004. 12. 1(제2012-000051호)		
주소	서울특별시 금천구 가산디지털 1로 168, 우림라이온스밸리 B동 B113~114호, C동 B101호		
홈페이지	www.book.co.kr		
전화번호	(02)2026-5777	팩스	(02)3159-9637

ISBN	979-11-6836-748-7 04370 (종이책)		979-11-6836-749-4 05370 (전자책)
	979-11-6836-762-3 04370(세트)		

(주)북랩 성공출판의 파트너

북랩 홈페이지와 패밀리 사이트에서 다양한 출판 솔루션을 만나 보세요!

홈페이지 book.co.kr • **블로그** blog.naver.com/essaybook • **출판문의** book@book.co.kr

---

작가 연락처 문의 ▶ ask.book.co.kr

작가 연락처는 개인정보이므로 북랩에서 알려드릴 수 없습니다.

독일 **발도르프** 교육의 기질별 성향별 **미술 교육**

Tip & Talk

발도르프
예술교육

- 이론 편 -

장순정 지음

북랩

아이들이 예술 안에서 자신의 꿈을 생각하고
표현하며 그 의지를 가질 수 있기를 바란다.
그렇게 "온 마음을 다하는 삶"의 자세로
조화롭게 살아가기를…

차례

Waldorfpädagogik
theory book

I. 머리말

'발도르프는 무슨 뜻일까? 프뢰벨, 몬테소리는 들어 봤는데…' 하실 수 있다. 아동 관련 교육자에게는 물론 익숙하겠지만 아마 모르시는 분이 많을 거라 생각이 든다. 교육 현장에 있어 보면 "발도르프가 뭐예요?"라고 물어보는 사람들이 아쉽게도 아직 더 많았으니 말이다. 아마 이 책을 쓰게 된 가장 큰 이유가 되지 않았나 싶다. 좋은 교육은 널리 알려서 아이들이 조금 더 자유로운 세상에서 자신의 삶을 긍정적으로 살아가기를 바란다. 아이들의 발달을 어떻게 이해해야 하고 예술적인 방법으로 교육을 연계하면 좋을지, 아이를 양육하기 힘들어하고 버거워하는 부모님들에게 그리고 현장에서 미술 교육과 미술 치료 기법에 헤매고 있는 치료사와 상담사들을 위해 이 책이 도움이 되기를 희망한다.

아이를 키우는 부모 양육 태도의 유형은 크게 두 가지로 설명할 수 있다. 방관을 포함한 권력형 부모와 자유를 인정하는 존경받는 권위형 부모이다. 이 두 유형의 차이는 행동적 태도에서도 크게 차이가 나며 아이들은 이런 부모의 차이에서 아주 다르게 성장한다. 권력을 가지려고 하는 부모는 자신이 바쁠 때는 아이 스스로 자기 주도가 이루어져야 한다며 방관하는 태도를 보이다가 자신도 인지하지 못한 채 자신의 부족한 닮은 모습과 갑작스러운 환경에서 찾아오는 불안과 간섭으로 인해 화가 나기도 한다. 그때부터는 큰 돋보기를 가지고 아이만 쳐다보는 방식의 무력과 힘 또는 돈으로 아이를 굴복시키거나 자신이 원하는 방향으로 해 줌으로써 소유욕과 우월함 또는 스스로의 안정감을 찾으려 행동한다. 엄격한 환경 속에서 힘의 권력으로 양육하고자 하는 부모는 아이에게 좌절감을 맛본 무기력 상태 또는 무력화된 상태로 만들어 그저 말 잘 듣는 아이로 자라도록 하거나, 그 반대로 반항심이 강한 아이로 그렇게 사회화가 덜 된 상태로 학교와 직장을 다니며 자신도 포함하여 아무도 믿지 못하는 존재로 성장하도록 해 자만감만 내세우는 아이로 자신만이 가장 중요하고 소중히 여기는 이기적인 인간으로 성장하게 된다. 하지만 스스로 권위를 내세우지 않아도 아이 스스로 모방하여 닮고자 하는 권위형 부모는 다르다. 권위는 내세우지 않아도 저절로 따라온다. 권위형 부모는 자신의 부족한 부분을 잘 인정하며 아이가 무엇을 느끼고 생각하는지를 세밀히 살피고 선택을 존중한다. 그렇게 마음과 행동으로 아이의 삶에 있어서 그 자체의 존재와 자유를 인정하고 존중으로 대한다. 적절한 자유와 스스로의 선택을 존중받는 환경에서 아이는 무엇보다 자신을 믿고 타인을 신뢰하고 인격적으로 존중하며 자신이 무엇을 원하고 어떻게 살아가야 할지를 잘 알고 건강한 자아가 성립된 어른으로 성장하게 된다. 또한 자신의 주변 환경을 안정적이고 긍정적으로 만들려고 노력하며 살아가면서 실패를 경험하더라도 자신은 다시 할 수 있다고 믿고 회복 탄력성을 가져 자신 삶의 질을 높이고 성취감을 느낄 수 있도록 모든 일에 최선을 다한다.

발도르프 선생님의 기본은 이렇게 교육에 대한 무거운 책임감으로 아이들을 존중하는 환경에서 교육이 이루어지도록 애를 쓴다. 이런 사랑이 존재하고 수평적인 관계로서 교사의 권위는 저절로 학생의 의식에 영향을 준다.

모든 발도르프 교육은 아이들의 정신과 영혼적인 소질과 재능 중심을 바탕으로 하여 이루어진다. 1학년부터 일반적인 과목과 함께 다양한 예술적인 수업들로 시작되는데 이러한 교육을 통하여 각각의 인간들과 사회를 위한 중요한 창조적인 능력과 체험이 촉진된다. 발도르프 교육의 중요한 결정적인 원리는 도덕적(윤리적)-창의적인 배움의 형성 과정과 인간 발달의 단계에 그 중심이 있다는 것 그리고 인간 내면의 자유에 그 목적을 두고 있다. 학생들 내면의 자유를 "그림화(이미지 형상)"시키는 수업이 매우 중요한 수업 원리이다. 이것을 통하여 사물의 법칙들과 본질들을 순수한 그림들의 의미 안에서 이해하고 체험, 체득하며 개념화된다. 이런 방식은 예술 치료 기법으로도 사용된다.

"모든 교육은 예술적이어야 한다."

i. 루돌프 슈타이너를 알면
인지학과 예술이 보인다

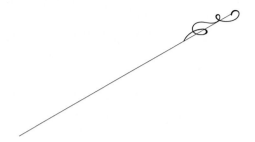

　　루돌프 슈타이너는 인지학의 창시자이자 발도르프 학교의 최초 설립자이기도 하다. 1861년에 당시 오스트리아 변방 지역이었던 크랄예베츠에서 철도 공무원의 아들로 태어나 실업고등학교를 졸업하고 비엔나 공과대학에서 수학, 자연 과학 그리고 문학, 철학, 역사를 공부하면서 괴테에 대한 집중 연구를 했다. 독일 바이마르의 괴테-쉴러 박물관에서 일하면서 슈타이너는 괴테의 세계관에 얼마나 큰 영향을 받았는가를 알 수 있는데 발도르프 학교의 교과 커리큘럼 중 습식 수채화 활동에서 색에 대한 경험의 해석은 요한 볼프강 폰 괴테의 '괴테 색채론'에서 읽혀진다. 색에 대한 주관적 경험의 해석은 색채 치료 기법과 미술 치료 기법에서도 널리 활용되고 있다.

　　발도르프 교육의 핵심은 교사와 학생의 직접적인 만남이라는 점인데 이 방법적인 교육의 이끌음은 루돌프 슈타이너의 인지학에 그 기초를 삼고 있다. 인지학의 어원은 그리스어의 'Antropos(인간)'와 'Sophia(지혜)'라는 합성어로 문자 그대로 인간에 대한 지혜로운 깨달음을 의미한다. 슈타이너는 인간이 자신의 인간성을 의식하도록 '인간 영혼에게 지혜(지식은 아니다)'를 부여하는 것으로 보았다.

인간의 잠재 능력은 탁월하다. 슈타이너는 인간을 비유하기를 풀지 못한 수수께끼가 많아 거대한 우주 안의 소우주이며 우주를 축소한 존재라 한다. 또한 인간 본성을 파악하는 데 감각뿐만 아니라 초감각적인 것(보이지 않는 것을 보는 힘)까지 포함한다고 보았다. 결국 인간성에 대한 총체적 이해라 할 수 있는데, '인간의 본성의 표면에 숨겨진 인간이란 무엇이며 어떤 과정을 거쳐 어디로 가는지 이 세상에 존재하는 의미나 목적이 무엇인지 등 한 사람 한 사람의 인간을 어떻게 이해해야 할 것인가'에서 생겨난 것이다.

슈타이너의 인간관 중 중요한 한 가지로 오이리트미를 설명하고자 한다. 슈타이너는 인지학을 바탕으로 한 새로운 언어 조형으로 인간 안에서의 정신적인, 영혼적인 과정을 다룬 드라마를 제작했는데 이때 오이리트미라는 아름다운 동작 예술이 생기고 이것은 아주 중요한 예술적·교육적·치료적인 수업으로 연계된다.

신체가 발달하는 0세에서 7세까지 신체의 조화로움을 가지게 되고 7세에서 14세까지는 감성이 발달하는 시기로 신체와 감성을 연결하게 되고 14세에서 21세까지는 사고가 발달하는 시기로 신체와 감성 그리고 사고의 조화로움을 가져다주기에 비로소 건강한 자아가 확립된다. 자세한 설명은 뒤에 다시 자세히 설명하고자 한다.

오이리트미(아름다운 리듬)는 인간이 자신의 몸(신체)을 악기처럼 사용하여 내면의 감정을 표출하는 '움직이는 몸을 사용한 표현 예술, 즉, 청각적으로

울리는 소리가 몸의 동작으로 형상화되어 시각적으로 보여지는 것'이다. 악기가 음으로 인간의 감정을 표현하듯이.

발도르프 학교에서는 신체가 발달하는 저학년 수업에 음악이 없는 대신 유희적이고 규칙적인 오이리트미가 있고 그리고 고학년부터 12학년까지는 감성적이고 개성적인 응용된 오이리트미 수업을 매주 2번씩 한다. 이 시간에는 머리가 아닌 감성을 통해 음악을 듣게 하는데 이것을 신체로 표현하게 하여 인간의 언어와 리듬, 동작을 연결하고 인간의 몸과 정신의 조화로움을 가져 균형을 가지게 하는 역할을 한다. 성장기의 아동들은 자신의 몸이 아직 익숙하지는 않고 어색하고 부끄러워하거나 가끔 아이들이 언어와 행동이 불일치되는 현상이 있을 때 오이리트미 활동을 함으로써 신체와 정서 그리고 사고가 조화롭게 변화되는 걸 볼 수 있다.

발도르프 교육은 개개인의 개성적인 발전의 요구와 사회적 모순을 해소하고 나아가서는 조화, 발전시켜 나갈 수 있도록 노력한다. 이에 슈타이너는 참된 인간(자아)을 주장하며 인간의 3가지 본질 구조와 4가지 구성체 이론을 설명한다.

자신의 척도를 오직 스스로 세울 수 있다는 것으로부터 시작하고 이끌어 가는 것인데 이 척도는 사고(생각하기), 감성(느끼기) 그리고 의지(원하기)를 어느 한쪽으로도 치우치지 않고 평등하도록 고려해야 한다. 아이가 스스로 생각하고, 느끼고, 원하여 스스로 자유롭게 선택하도록 하는 것을 의미하는데 이를 위해서는 아이들의 개별적인 특성들을 인지하고 이에 따라 수업 구성을 교사가 만들어 내는 것이다. 여기에 발도르프 교육은 다른 교육과 구별되며 또한 그의 방법들을 제시하고 있다. 성적에 대한 압박이 없는 배움의 기쁨으로 체험되는 작용들, 약자에 대한 배려심의 향상, 행하여지는 관대함, 공동 작업의 능력 그리고 이러한 행동 양식과 함께 결속되는 사회적인 배움들은 발도르프 교육을 더욱더 단단하게 만들어 주며 위와 같은 방법의 끊임없는 적용과 응용 그리고 지속적인 발전의 노력과 시도 안에서 이루어진다.

마지막으로 슈타이너는 괴테아눔이라는 쌍돔 형식의 목조 건물을 설계하고 건립시켰다. 이것은 인지학에 있어서 괴테의 작품들이 슈타이너에게 많은 의미가 있다는 것을 보여 주고 있으며 이 건축물이 건립되면서 건축 예술의 새로운 장르가 탄생했고 그 밖의 수공예품과 조각 예술이 발전하게 된다.

슈타이너의 인지학을 바탕으로 한 발도르프 교육은 교육적이고 예술적이며 치료적이기도 하다. 인간의 3가지 구성 요소와 예술 매체를 잘 이해하면 조화로운 인간으로 삶의 만족도를 높일 수 있다.

인간의 세 영역과 예술 매체 활용
(이 중 어느 쪽의 도움을 필요로 하는가?!)

소묘(선) :
사고-신경/감각 계통-
의식(사실, 진리)
▶ **자유로운 지성**

회화(물감) :
감정-순환기 계통-
꿈(미, 아름다움)
▶ **정화된 감정**

조소(조형) :
의지-신진대사-
수면(좋다, 선함)
▶ **자제력**

Tip & Talk

* 인간의 3차원적인 본질 구조: 육체(의지하다: 신체)와 영혼(느끼다: 감정)과 정신(생각하다: 사고)

* 4가지 구성체: 신체(Phisischer Leib-물질체), 에테르체(Etherleib, 빛남), 아스트랄체
  (Astralleib-감정체), 자아체(Ich-Leib-나)

* 슈타이너의 교육 사상: 인간성의 최우선, 인간 개개인의 존중, 경험적 학습의 중시, 새
  로운 교사의 역할, 선택의 자유

* 슈타이너가 이룬 성과: 인지학 수립 / 자유 발도르프 학교 설립 / 오이리트미 창안 / 괴
  테아눔 설계와 건립

나 + 너 + 우리

-인간의 필수-

육체: 건강한 신진대사

영혼: 건강한 감정 교환

정신: 풍부한 사고의 교환
　　　미래의 자발적 요소

규칙적인 예술 활동 〈 건전한 생활 방식(생활 예술) + 식사와 대화

※ 식사의 즐거움 (색의 조화)+귀 기울이는 대화의 중요성

(억양, 강세, 리듬, 박자, 음성의 톤)

이처럼 바른 인성 교육과 자유로운 예술이 만나면 21세기가 원하는 인간상을 가진 창의적인 인간 그리고 온전한 성장을 한 인간으로 나 자신뿐만 아니라 타인과 더불어 모두와 함께 조화로운 삶으로 그야말로 예술적으로 삶의 가치를 느끼며 살아갈 수 있다. 올바른 어른으로서 우리는 우리 아이들에게 이런 삶을 살아갈 수 있도록 이끌어야 할 책임이 있다.

당신은 지금 당신이 느끼고 있는 감정이 정확히 무엇인지 아는가? 안다면, 그 감정을 어떻게 표현해야 하는지를 아는가? 자신의 감정 표현과 타인의 감정 인지 능력이 어려워 학교생활, 직장 생활 또는 사회생활이 어렵다? 그렇다면 이 글을 다 읽어 갈 때 감정 표현에 있어서 도움을 줄 수 있을 것이다. 우리는 감정 표현을 하려고 할 때 무엇 때문에 할 말을 잃게 되는가?

＊ 자신의 감정을 어떻게 느끼고 표현하는지 잘 모른다.

＊ 감정이 너무 혼란스러워서 그것을 분별하기 너무 어렵다.

＊ 어떻게 느끼는지 알고 있다. 하지만 소리 내어서 말하는 것 자체가 두렵다.

＊ 지금 자신의 감정을 표현할 단어가 정확히 없다.

＊ 감정을 말로 표현하기가 쉽지 않아서 억눌린 눈물부터 난다.

살아가면서 우리는 타인에게 감정적 상처를 받으면 먼저, 어떻게 반응해야 하는지 몰라 회피하고 숨어 버리며 멀어지는 방법을 선택한다. 그보다 더 많은 상처의 반응에는 더 상처받지 않기 위한 선택으로 강한 자의 비위를 맞추며 '기생형'으로 살아가려 한다. 무엇보다 물러설 자리가 없는 상태의 마지막은 죽기 살기로 힘을 가하는 공격적인 방법으로 타인에게 대항한다. 이것은 생존 메커니즘과도 닮았다. 3F (위험하면 멈춰라! - 정지 Freeze, 멈춰서 해결되지 않으면 도망쳐라! - 도망 Flight, 도망칠 수 없다면 싸워라 - 투쟁 Fight)

슬픈 건 분명한데 웃고 있는 아이, 미치도록 화가 나는데 울고만 있는 아이, 무얼 시켜도 하지 않고 겁을 먹은 얼굴로 앉아 있거나 한 시간도 가만히 있지 못하고 돌아다니는 아이, 꼭 해야 하는 일이라 생각은 하지만 움직이기 귀찮고 감정적 회피만 하는 아이, 자신의 아픔은 타인을 괴롭히는 행위로 달래려고 하는 아이, 삶에 아무런 기쁨이 없는 것처럼 무표정한 아이들 등이 그렇다. 그런 아이들을 치료하거나 감정 표현을 가르치는 일도 점점 더 어려워지고 있다.

감정과 감각은 동시에 발달하고 서로 연결되어 있다.

아이가 태어날 때, 엄마로부터 신체가 분리, 독립되어 처음 접하게 되는 감각은 촉각이다. 이때 느끼게 되는 감정은 두려움과 불안함이다. 즉, 감각과 감정은 동시에 발달한다는 뜻인데 다행인 것은 보이지 않는 인간의 감정은 보이는 감각을 통해 이해할 수 있으며 자라면서 겪은 감정의 상처도 치유할 수 있으며 이를 도울 수 있는 예술적 매체가 많다는 것이다.

최고의 교육은 좋은 감각 자극을 주는 것이다.

좋은 감각 자극을 발달시키기 위해선 체계의 첫 단계인 신경-감각 체계를 발달시키는 데 중점을 두어야 한다. 세상을 만지고, 맛보고, 냄새를 맡고, 듣고, 보는 것과 같이 다양한 감각을 경험해 봄으로써 좋은 감각 자극을 발달시킬 수 있다.

어린 시절 환경이 중요하다.

중간 영역의 감각 기관 청각, 미각, 시각, 후각, 촉각은 자신의 삶에서의 경험과 기억을 통해 나타나게 되는데 예를 들면, 타인의 껌 씹는 소리가 예민한 사람은 어릴 적 껌을 씹다가 호되게 야단을 맞은 기억의 오류로 인해 그러면 안 된다는 인식으로 바뀌었을 가능성이 있거나 or 어릴 적 자신에게 상처를 준 사람이 껌을 자주 씹었는데 그 이미지가 오버랩 되어 비춰졌을 가능성이 있다-청각 경험. 즉, 이렇듯 청각적 경험은 가장 유명한 클래식이나 성악가의 노래를 녹음해 들려주는 것보다 엄마 아빠의 목소리로 직접 불러 주는 게 더 좋을 것이다.

미각 경험도 마찬가지다. 엄마와의 애착 형성을 꼭 해야 하는 시기에 모유를 먹지 못했거나 이유식 단계에서 빨리 어른 음식을 먹은 아이는 커서도 구강 욕구가 해소되지 못한 상태로 고착되어 먹는 것에 집착하거나 편식이 심하다. 아주 무의식적인 차원이지만. 태아도 양수의 단맛에 반응한다. 인간은 단맛에 매우 예민한데 갓난아기에게 사탕이나 아이스크림을 주면 어떻게 될까? 아기는 그 강렬한 단맛에 빠져 다른 음식을 거부할지도 모른다. 이는 미각 발달에 좋지 않은 영향을 주며 장기적으로 보면 아이에게는 자신이 좋아하는 음식에 박탈감을 느끼게 한다. 이렇게 어릴 적 환경에서의 오감 경험은 현재의 감각으로 연결되어 나타난다는 것이다. 자신의 감각 인지와 자기 관찰 또는 현재 우리 아이의 감각을 살펴보면서 감정을 인지해야 할 것이다.

시각 또한 아무리 좋은 화질의 TV나 스마트폰으로 자연 속 단풍잎을 보여 주더라도, 실제 자연에서의 단풍잎을 만지게 하고 보여 주는 것보다 시각 발달에 도움이 되지 않을 것이다. 정서적 불안함이 시각적 오류로 발현되기도 한다. 극심한 우울증이나 공포증 그리고 조현병에서 나타나는 환각도 이러한 정서적인 문제에서 오기도 한다.

후각에 있어서 설명은 더 쉽다. 길 가다 우연히 맡은 된장찌개 냄새는 어린 시절 기억 속 엄마가 자주 해 줬던 음식으로 기억되어 '아~ 엄마 보고 싶다.'라고 연결되어 뇌를 자극한다. 반대로 아빠를 싫어했던 아이는 커서 아빠가 사용했던 향수 냄새와 비슷한 냄새만 맡아도 기겁하게 된다.

우리의 경험에 영향을 받는 마지막 감각 중 촉각은 아이가 엄마 배 속에서 분리되어 세상과 만나면서 맨 처음 가지는 감각으로 특히 자아 감각과 밀접한 관련을 맺는다. 아이를 바르게 교육시켜야 한다는 목적은 건강한 자아를 가진 성인으로 키우는 것이다.

발도르프 교육 역시 인간만의 고유한 영역인 건강한 '자아 감각'을 목표로 한다. 물론 다른 감각들도 자아 감각의 완성을 위해 노력해야 한다. 세상에 대한 불안감, 분리 불안 또는 안정감이 필요한 아이를 위한 촉각 형성에 도움이 되는 대표적 미술 매체로 천사 점토나 칼라 점토, 밀납 점토 등이 있으며 어린 시절의 긍정적인 퇴행 심리를 촉진하는 역할을 하는 매체로는 둥근 형태의 흙 점토가 너무 좋다. 이런 자연 매체를 가지고 하는 치료적인 활동은 세상과 나의 일체감을 느끼게 하고 엄마에게 분리되어 나와 척추에 힘이 들어가 자신의 두 발로 걸어 다닐 수 있게 된 순간부터 성장하는 동안 신체에 필요한 여러 감각을 일깨워 준다. 특히 긴장된 신체를 이완시키고 산만하고 공격적인 신체의 통제력을 향상시켜 도움을 준다. 입체적 작업이 여러 번 이루어진 후에 인지 향상에 도움을 주는 평면 활동으로 넘어가는 것을 추천하는데 손끝의 힘 조절과 신체와 사고를 연결해 줌으로써 무뎌진 감각 활동을 촉진하기에 적절하다. 아이들에게 촉각 활동은 손끝 감각을 민첩하게 하고 신체 의지를 만들어 뇌 활성화를 가지게 한다.

[감각 활동(입체 촉각) 중요 ⋯ 시지각 연결 ⋯ 뇌 활성화]

＊ 신체 에너지 up (입체 작업: 밑에서 위로 향하는 에너지 방향)

＊ 사고 영역 up (입체 작업에서 평면 작업으로: 위에서 아래 방향)

그렇다면 자아 감각이란 무엇일까? 자아 감각은 타인의 자아를 지각하는 감각이다. 사고 감각은 다른 사람의 생각을 지각하는 것이고, 언어 감각은 다른 사람의 언어를 지각하는 것이다. 소리 속에서 언어를 파악하고, 언어 속에 담긴 생각을 이해하며, 생각의 주인인 그 사람의 자아를 감지하는 것이 우리의 상위 감각이 하는 일이다.

자아 감각이 제대로 발달하지 않은 사람은 어떤 모습을 보일까? 다른 사람에게서 자아를 잘 느끼지 못한다는 것은 사람을 사람으로 보지 못하고 일종의 사물처럼 대한다는 것이다. 실제로 자아 감각이 제대로 작동하지 않는 사람들은 매우 폭력적이다. 이와 반대로 자아 감각이 풍부하게 발달한 사람은 어떨까? 그런 사람은 공감 능력이 발달한 사람이라 할 수 있는데 공감은 바로 마음을 알아주고 객관적 상대방의 입장에서 느끼고 생각하는 것이다. 교감과 반감 속에서 아이들의 자의식은 깨어나고 자아 감각은 이러한 교감과 반감의 조화로부터 오고 자아 감각을 통해 공감하는 힘도 키워 갈 수 있다. 이럴 때 사회적 관계가 회복되는 것이다.

그렇다면 우리가 이러한 감각 교육을 하면서 아이들에게 바라는 이상은 무엇일까? 그것은 경이로움과 감사함, 그리고 책임감이다. 세상 모든 일에 대해 경이로워할 줄 아는 아이, 감사함을 알고 잘 표현할 수 있는 아이, 세상에 대해 책임감을 가지는 아이로 성장하게 하는 것이 우리의 궁극적 목표이고 길이다. 여기에 자아 감각이 있다.

감정을 표현하기 위해서는 우리가 그걸 먼저 느끼는 것이 중요하다. 그럼 우리는 우리가 느끼는 것을 어떻게 알 수 있을까? 그리고 우리의 감정을 느낀 후, 그것을 억제하거나 억압하는 대신 어떻게 표현할 수 있을까? 감정을 말하기 위해서는 그 과정에서 느끼는 다른 것 즉 판단, 기교, 스타일 등에 대한 외부적인 시선이나 기준으로부터 자유로워야 한다. 우리의 내적 자아와 진실에 귀 기울이기를 원한다면 우리는 내면적 비평가나 자아비판 그리고 외부적인 평가를 멀리하는 예술을 추구해야 한다. 우리는 예술을 탐색하는 과정에서 자신의 감정에 대해 거짓말을 하지 않는다. 외부로 향하는 언어에는 평계를 할 수 있지만 예술 매체를 다룰 때 우리 자신을 속이는 일은 어려운 일이다. 여기서 가장 중요한 것은 자신의 감정을 경험하고 통찰하는 것이다.

발도르프 교육 과정의 중요한 점은 해마다 아이들의 변화에 대한 인식이다. 발도르프 수업 계획은 각각의 나이에 맞는 정신적, 감정적 그리고 심리적 본성에 이성으로서가 아니라 마음으로 인정하는 중요성을 나타낸다. 발도르프 선생님은 예술가로서 가르치는 과정을 보여주고 예술가로서 그 역할을 보여 준다. 예술을 통하여 상상력을 자극하는 것은 사고할 준비를 하는 것이며 동시에 아동의 흥미에 관련하여 의지와 기억력을 일깨워 주는 것이라고 하였다. 예술적 행위는 기억을 쌓고 의지의 활동이 기억을 강화시킨다는 것이다.

그렇다면 어떻게 보이지 않는 감정을 밖으로 끌어내어 보여 줄 수 있을까? 감각과 감정은 동시에 발달한다. 슈타이너의 12 감각론을 설명하면서 그 관계에 대해 이해할 수 있다.

인간은 신체적, 정신적, 사회적, 영적으로 만족감을 느낄 때 우리가 말하는 '삶의 질'에 대한 가치를 높일 수 있다. 즉, 진정 삶이 '행복하다'라고 느낄 수 있다고 한다. 'Denken(생각하다-사고), Fühlen(느끼다-감정), Wollen(의지를 행하다-행동)' 이 3가지의 일체감은 인간이 꿈을 꾸고 그 꿈을 구체적으로 계획하며 행동으로 바로 실천할 수 있도록 만든다. 여러 가지 매체의 경험으로 우리는 스스로 가진 문제를 스스로 인지하고 풀 수 있도록 돕는다.

Tip & Talk

예술 활동
(인간의 12 감각 모두 사용-집약적인 보기, 듣기, 만지기, 생각하기, 느끼기, 표현하기 등)

예술 작품의 자발적 필수 요소:
헌신(인내), 관심, 체험의 집중

▼

영혼의 체험
(들숨 현상학적 체험 + 날숨 창조하는 것)

▼

다시 구현하는 행위:
인간의 균형을 다시 회복시키는 것
예술 심리(예술+치료+교육)

i. 슈타이너의 12 감각론에 대해

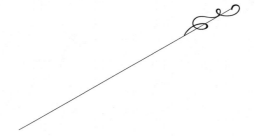

도덕성이 결여된 천재성은 아무런 가치가 없는 것처럼 감각 기관들은 위대한 스승이며 12 감각 기관이 서로 상호 협력 하며 작용한다는 사실을 인식하는 것이 중요하다. 즉, 용기와 생명 감각 / 용기와 열 감각 / 시각과 미각의 상호 협력 작용 / 촉각과 눈의 상호 협력 작용 / 촉각의 부드러운 성격과 자아 감각의 투쟁적인 성격의 대비 관계 / 인간과 동물의 비교 연구 / 균형 감각, 열 감각 및 자아 감각을 통한 자아 체험 / 눈으로 보는 것과 팔을 뻗는 동작의 보이지 않는 관계에 대한 비교 등이 연결된다.

동물의 9가지 감각의 기능과 인간이 가지고 있는 12가지 감각의 기능 중 가장 중요한 인간이 가지는 고유 기능인 사고 감각, 언어 감각, 자아 감각 이다.

4개의 육체 감각 기관과 별자리 및 인지 영역

* 촉각(천칭자리)–대우주와 분리된 존재의 깨달음: 물질 육체

* 생명 감각(전갈, 독수리자리)–몸의 체질이나 건강 상태를 파악: 에테르체, 정신 인간

* 고유 운동 감각(사수자리)–의지의 역동적인 힘: 아스트랄체(감정 표현, 적응), 생명 정신

* 균형 감각(염소자리)–직립의 자세를 가지고 중심을 잡고 살아가는 존재: 자아(중력에 대한), 정신 자아

5개의 영혼 감각 기관과 별자리

* 후각(물병자리)–인간의 의식 혼과 의지가 작용: 육체 물질(직접적 본능)

* 의식 혼(의지의 성격, 선악의 판단)

* 미각(물고기자리)–감성 혼과 인간의 내적 감정이 작용: 에테르 또는 생명 물질

* 시각(처녀자리)–감각 혼과 인간의 사고력이 작용(=통찰): 아스트랄체(태양, 빛), 감각 혼(사고력)

* 열 감각(사자자리)–가장 먼저 발달한 아스트랄체(=감정체(감정의 통로))로 외부 세계에 대한 직접적인 관심과 열의: 자신의 열(주변 환경의 열에 대한), 아스트랄체(관심)

3개의 정신 감각 기관과 별자리

* 자아 감각(양자리)–타인과의 경계 허물기: 자아(타인의 관계)

* 사고 감각(황소자리)–타인의 정신세계의 진실과 허위: 아스트랄체(내적 태양체, 타인의 진실 여부), 예수의 존재(보편한 인간 정신)

* 언어 감각(쌍둥이자리)–언어를 통한 타인의 정신세계의 표현 및 활동: 에테르적인 것(타인의 정신적인 상태), 대천사 / 청각(게자리)–물질세계가 정신세계로 고양(창조하는 힘): 물질적인 것(단단한 물질), 천사(사회적 기능)

무의식_기억 X (육체적 감각)	중간 의식_경험과 기억 0 (영적 감각)	의식_기억 0 or 기억 X (명백, 활발한 감각)
촉각 생존 감각 운동 감각 균형 감각	후각 미각 시각 온각 청각	언어 감각 사고 감각 자아 감각
동물 감각 (9 감각)		
인간 (12 감각)		

(1) 촉각

인간은 촉감을 통해서만 육체적 안정감을 느낀다. 간지럼(스킨십, 일체감=즐거움 유발)이란 타인에 의해서만 느낄 수 있는 것. 나는 나에게 낯설지 않아 간지럼을 타지 않는다. 촉감 발달에는 자연물은 좋고 인위적/인공적인 재료는 좋지 않다. 촉각에 깊이 몰두할 때(사고 영역) 그것을 통해 존재를 인식하고, 깊은 내면적인 통찰을 이룬다. 출발점은 신체(육체적 인간), 즉 모든 감각 기관은 인간의 고귀한 영역이다. 손가락으로 무엇인가 만지게 되면 그 무엇과 동시에 손가락을 의식하게 되고 볼이 어딘가에 닿으면 그 무엇과 동시에 볼을 의식하게 되는 것, 그렇게 우리는 촉각으로 신체를 의식하게 된다.

이 깨어남의 과정은 특별한 현상. 즉, 경계의 체험과 연관되어 있다. 아주 서서히 이루어진 촉각의 깨어남은 인간을 아주 높은 차원의 의식 수준으로 이끈다. 엄마와 분리됨으로써 아이는 비로소 자신을 의식하는 존재가 되었다는 의미이다. 인지학의 특성과도 같은 의미이다. 인지학은 아주 고차원적인 정신세계를 다루는 것이 아닌 주변이 평범한 일상에서 발견되는 것이라 할 수 있다. 종교의 초월적인 존재 의미가 아닌 우리의 감각 세계인 감각 기관을 통해 바로 초감각적·초자연적인 힘을 경험하게 되는 것과 같다고 설명할 수 있다. 즉, 인간은 감각적이고 물리적인 세계의 경험을 통해 정신적인 내적 경험에 이르게 된다는 것이다.

촉각은 '나는 여기에 있고, 세상을 만날 수 있고, 나를 보호할 수 있다'라는 존재에 대한 신뢰(나는 내 몸 안에서 안전하다)와 탐험에 대한 안정감과 관련된 가장 기본적인 감각이다. 이는 하위 감각(인간이 세상을 이해하기 위한 토대가 되는 감각)으로 신체 감각, 의지 감각, 행위 감각이라고도 한다. 영혼과 정신이 깃드는 집, 이 땅에서의 영혼이 머무는 곳(몸, 지상의 집)이 어디 있는지, 내가 어디에 있는지 알려 주는 감각이다. 내 몸이 어디에서 끝나는지, 세상은 어디부터 시작되는지 그 경계를 알게 되는 느낌을 준다. 또한 나중에 상위 감각인 자아 감각과 연결된다. 내가 소중하고 보호되어야 하는 것처럼 다른 사람도 마찬가지라는 감각. 이것은 내 자아만큼 타인의 자아를 고유하고 신성하게 여기는 것으로 확대된다.

여기서 신중히 생각해 봐야 할 것은 촉각을 통해서 ① 세상과 관계를 맺고 ② 자기 자신을 보호할 수 있다. 즉, 만지는 것(낯선 세계를 경험하는 것)을 두려워하면 세상이 나에게 다가올 수 없다는 것이다. 우리가 뭔가를 만질 때는 표면적인 것만을 느끼는 것이 아니라 본질도 알게 된다. 아이들은 몸으로 세상을 만지고 부딪쳐 가며 세상을 이해한다. 아이들은 저마다 어떻게 촉각으로 세상과 만나고 있나? 촉각에 대한 의지 활동을 보면 아이의 내면에 형성된 가족과 친구 그리고 타인에 대한 신뢰와 안정감의 정도를 가늠할 수 있다.

촉각이 어려운 아이들

긍정적 촉각 자극을 받지 못한 상태로 발달했거나 학대, 폭력, 방치 등 잘못된 촉각 자극을 받은 아이들은 버림받음의 초기 트라우마가 있을 수 있다.

* 늘 걱정과 불안, 두려움에 떠는 아이들
* 밤에 어둠이 무서워 잠이 들지 못하는 아이(ex. 잠이 들기까지 오래 걸리고 이것저것 많은 것을 해야 하는 아이: 물 먹고 싶어. 오줌이 마려워. 아까 놀다가 그만둔 거 계속할래, 이불이 비뚤어, 인형이 없어, 아빠는 저리 가, 불 끄지 마, 잠들 때까지 엄마가 옆에 있어 등 잠을 안 자기 위해 필사적임)
* 별다른 경험 없이 개나 동물이 무서운 아이
* 새로운 환경과 마주치는 것과 새로운 일이 두려운 아이
* 먹어 본 적 없는 것은 안 먹으려 하거나 만져 본 적 없는 것은 안 만지려는 아이(도전)
* 학교나 유치원 가면 '누가 날 때릴 거야'라고 말하는 아이
* 주로 예쁘고 깔끔한 것을 좋아하고 지저분한 것을 싫어하는 여자아이

어른이 할 수 있는 일

* 어른이 자신의 문제를 해결하는 모습을 보여 주면서 모방을 통한 내면의 힘을 키우도록 해주기(ex. 자주 손잡아 주기/안아 주기/신뢰할 수 있는 어른이 곁에 있다는 것을 느끼게 해 주기)

* 물건과 자연을 대하는 자세와 행동은 온기와 사랑과 관심으로 만지는 것을 보여 주기(ex. 어른이 물건을 던지면 아이들은 자신이 던져지는 것처럼 느낌)

* 내 의도에 따라 계획된 일보다 지금 돌보아야 하는 것을 먼저 살피기(ex. 어른이 자신의 우선적인 일보다 아이의 힘든 일들을 먼저 살필 때 자신을 진심으로 따뜻하게 돌보아 주는 것으로 느낀다. '나는 돌보는 사람 속에 있구나!')

* 아이를 감싸고 있는 것들에 대해 섬세하게 살피기(ex. 옷의 옷감이나 감촉, 장난감의 온기와 감촉 등)

* 아이의 두려움을 확인시키지 말고 따뜻하게 맞설 수 있도록 단호해지기. 아이가 하루 동안 느낀 두려움을 나누고 내일을 두려워하는 것이 아니라 내일은 내일의 일을 기대하도록 부드럽고 단호하게 안내하기

* "내가 네 곁에 있을 거야"라고 말하는 것이 아니라 아이가 '이 사람은 내 곁에 있을 거야!' 하고 느낄 수 있게 행동하기

* 아이에게 넓은 경계와 울타리(안정감, 정서적 지지) 정해 주기(ex. 나로부터 공간으로 나아가는 것, 어떻게 사느냐… 따뜻한 경계, 따뜻한 단호함, 사랑 가득한 경계!)

* 내 손길이 어땠나? 부주의했나? 무신경했나? 등 항상 스스로 생각하기(ex. 주변을 돌보듯 만짐, 사랑 가득한 손길로 만져라(너무 안 만졌나? 너무 멀리 있었나? 너무 차가웠나? 나는 어디 있었나? 살아 있나? 건강한가? 내가 관심을 갖고 있었나? 이 공간에 내가 닿지 않은 곳이 있나? 등)

(2) 생명 감각

생명력을 말하는 에테르체는 '고통', '통증'의 가르침으로 건강한 긴장감이 학습에 매우 효과적이라는 것을 말한다.

생명 감각 발달에 도움을 주는 동화(ex: 헨젤과 그레텔, 아낌없이 주는 나무 등)는 두려움과 고통을 느끼지만 극복하는 과정을 동시에 느낄 수 있는데 심리적 긴장과 이완을 통해 생명의 활력, 목마름과 배고픔으로 육체의 양분이 공급, 건강한 정신적 성숙의 필수 불가결이다. 생명 감각은 아주 이른 시기부터 발달한다. 울음은 슬픔의 표현이지만 매우 건강한 신체적 반응이다. 인간은 고통을 통해 자신의 욕구를 억제하고 인내하는 법을 배우며

성장한다. 몸의 상태를 끊임없이 감시하고 보호하는 기능(신호 체계)인 '통증'과 '고통'은 고귀한 인간 존재의 그늘진 측면이다. 숭고한 인간 존재가 병이 들어 위축될 때 통증을 통해 위험 신호를 보내는 것이 생명 감각의 주된 역할이다. 따라서 생명 감각은 인간의 부정적인 감정과 관련이 있다고 할 수 있다. 자연스러운 아이의 눈물을 안아 주지 못하고 흘리지 못하게 야단을 치는 것은 아이의 생명 감각을 죽이는 일이다. 눈물은 약한 모습을 보이는 것도 이득을 취할 때 보이는 행동으로도 오해하지 말자.

지루하고 지속적인 일상의 반복은 생명 감각 퇴행과 무기력을 가져온다. 어떠한 형태이든 고통(육체적 학대가 아님)은 인간에게 자신이 고귀한 존재임을 깨닫게 하고 고통의 경험은 삶의 방향을 제시하는 역할을 하기도 한다. 이런 크고 작은 고통의 체험은 자신을 되돌아볼 수 있도록 우리의 삶에 소중한 의미를 준다. 두려움을 극복하는 용기도 고통스러운 체험을 통해 발달한다는 사실을 잊지 말도록 하자. 생명 감각은 인간의 고귀한 존엄성이 머물러 있는 영혼의 문을 여는 열쇠가 된다. 신의 존재에 대한 인식의 발전도 우리가 촉각이라는 감각 기관을 소유하지 않았다면 결코 신을 동경하지 않았을 것이고 두려움과 분노, 고통과 통증 등을 느끼는 촉각이라는 감각 기관을 통해서 파악할 수 없는 한계의 의식을 인지하며 바로 초감각적인 존재에 대한 출발점과 의미를 생각해 볼 수 있을 것이다. 이렇게 인간은 생명 감각을 통하여 몸의 에테르체, 즉 생명력을 의식(건강 상태를 파악)하게 된다.

재미있는 이야기로 비유하자면 가장 높은 곳에 서식하는 독수리는 가장 낮은 곳에 서식하는 전갈이 추락한 것이라는 대극적인 성향의 관계를 묘사한 것처럼 또 날개 잃은 천사였던 악마의 존재처럼 원래 통증도 인간이 가진 가장 숭고한 존재의 추락으로 볼 수 있다.

⑶ 운동 감각

자연 과학에서는 근육 감각 또는 심층 감각이라 한다. 다른 신체 기능 중에 원한다고 의지대로 할 수 없는 의지 밖의 기능이 있는 반면, 최소한 근육에 한해서는 우리의 의지대로 자유롭고 주체가 자신임을 알고 있다. 이 감각 기관을 자가 운동 감각 혹은 고유 운동 감각 또는 줄여서 운동 감각이라 한다. 스스로 움직일 수 있는 능력을 인지학에서는 '아스트랄체'라 한다.

아스트랄체는 우리의 에너지를 공급하는 원천이라 할 수 있으며 즉, 우리 몸의 태양체, 아스트랄체 혹은 성체(태양을 포함한 별)라 한다. 용어의 의미보다는 그 에너지를 경험한다는 사실이 더 중요하다. 다시 말해, 인간의 모든 행동은 그 이면에 감춰진 계획의 연관 속에서 설명할 수 있다는 의미다. 정신적인 어떤 힘이 우리의 육체를 지배하고 있다는 것, 예를 들어 물을 먹고자 하는 생각과 마음은 곧 몸을 이끌고 물을 마시러 정수기 앞으로 가서 물컵을 잡는 행위로 나타나는데 그 목적은 밖으로 보이지 않는다는 것이다. 인지학에서 인생을 결정짓는 큰 움직임이라고 볼 수 있는 삶의 계획을 '카르마(목표를 향해 나아가는 인간)'라고 한다. 우리가 만드는 하나하나의 움직임은 전체 삶을 구성하는 작은 요소들이다. 우리의 삶 자체는 전체적인 하나의 큰 움직임으로 볼 수 있다. 한 개인의 일생이 죽을 때까지 이러한 작은 움직임들의 과정은 계속 이어진다.

그렇다면, 탄생과 죽음 중에 무엇이 출발점인가? 일생의 출발점이 탄생에서부터라고 생각한다면 과연 그 의미를 제대로 찾을 수 있을까? 범죄자의 현재 모습을 유년 시절의 불행한 가정 환경이 빚어낸 필연적인 결과로 보기를 즐기며, 유명한 음악가의 천재성을 그 부모의 유전성이나 예술적인 분위기에서 자란 성장 과정에 대한 그 싹을 단순한 환경 문제라고 생각하는 것은 어렵다. 같은 공간에서 같은 책을 읽더라도 그것을 받아들이는 인상은 서로 다르다. 한 사람에게는 전혀 눈에 띄지 않는 문구가 누구에게는 커다란 깨달음을 주기도 한다.

왜 인간은 같은 사건이나 경험으로 각기 다른 영향을 받게 되는 것일까? 모든 인간은 각자 자신이 스스로 정하고 계획한 삶의 목적과 목표를 가지고 태어난다는 것은 설득력이 있을까? 시인은 자신이 표현하고자 하는 마지막 행을 완성하기 위해 출발했고 악기를 연주하는 연주자가 그동안의 모든 배움과 노하우를 가지고 자신의 혼을 다해 자신의 감정을 표현하고 마지막 연주를 마치는 순간 희열과 환희를 느꼈다면 어떨까? 우리의 삶도 삶의 목표나 계획이 그 모습이 드러나는 순간 완성됨을 느낄 수 있다면 아마 삶은 죽음에서 출발한다고도 볼 수 있을 것이다.

일반적으로 무의식에는 우리가 생각하는 것처럼 상처나 트라우마, 콤플렉스만 있는 것은 아니다. 잠재된 능력으로 존재하거나 재능도 함께 존재한다. 또한 무엇보다 영혼 깊은 곳에 삶에 대한 전체적인 계획이 함께 그려져 있으며 이것이 우리의 모든 움직임의 원동력이다.

"삶의 계획, 즉 인연과 운명의 존재는 강한 인상을 남긴다." 이런 인상을 받는 즉시 진정한 만남이 이루어지고 과거에 알고 있던 그 무엇인가를 재인식하게 되는 바로 그 순간 우리는 '이것이 내가 항상 찾고자 했던 바로 그것'이라는 통찰에 이르게 된다. 이런 반짝이는 영혼의 통찰은 우리의 몸 (오이리트미 활동)을 통해 발달하게 된다.

(4) 균형 감각

우리는 직립 보행을 하는 존재다. 하지만 움직이면서 동시에 평형을 유지할 수 있다는 것은 경이로운 일이다. 직립 보행은 인간만이 유지하고 있는 인간 모습의 원형이다. 두 발로 서는 동물들도 있지만 웅크린 자세이거나 인간의 직립 자세와 비교할 수 없을 것이다.

또 다른 설명으로는 단단한 물체 또는 흔들림이 없는 지상과 같은 외부와의 관계를 통하여 균형 감각을 갖는다. 몸에서 균형 감각을 담당하는 기관은 세반고리관(삼반규관)인데 반원 형태의 고리관 세 개가 상호 직각을 이루며 삼차원의 형태를 갖고 있다. 이 기관으로 우리는 공간을 지각할 수 있다.

고대 이집트인들은 천칭의 수평 여부를 따져서 인간의 죄를 측량할 수 있다고 믿었는데 인간의 두개골을 절개하면 이곳에 균형 감각 기관인 세반고리관이 자리 잡고 있다. 이 세반고리관과 인간의 관절들은 같은 일직선상에 위치한다. 인간의 직립 자세를 그 사람의 인격적 가치라 여기는 고대 이집트인들은 천칭으로 비유했을 만큼 그 구조적인 형태가 실제로 천칭과 매우 흡사하다. 이렇게 균형을 유지하고 똑바로 직립한 인간의 모습은 이미 그 자체로 정신적이고 도덕적인 천칭이다. 균형을 잡고 똑바로 서는 것은 우리 자신의 고유한 표현이며 이러한 인간 존재의 고유한 개별성을 인지학 안에서는 자아라고 한다.

직립 보행을 하면서 다른 사람들과 구별되는 독립된 자아를 의식하게 되는데 독립된 개체가 각자의 위치에서 중심을 잡고 서 있는 모습은 그 자체로 고유한 자아의 표현이다. 이러한 자아의식은 우리가 균형을 잡고 설 수 있기에 느낄 수 있는 것이다. 인간이 선다는 것은 개별적인 자아를 표현하는 것이다. 자아의식의 발현은 중력을 극복하고 처음으로 일어서기를 할 때 잘 나타난다. 독립성을 강하게 의식하고 일종의 승리감을 느끼면서 자신의 존재를 느끼게 된다.

하지만 술에 취한 상황 설명은 또 다르다. 술에 취한 본인은 자아에 대한 통찰력이 상실된 상황이기 때문에 다른 사람이 보기에는 불안해 보이지만 진작 본인은 그 사실을 전혀 느끼지 못하기 때문이다. 인간성이 느끼는 가치는 무엇보다도 영혼이 느끼는 다양한 감정일 것이다. 술 취한 사람은 통제력뿐만 아니라 인간다움마저도 마비된 상태라 할 수 있다. 적당히 마시는 술에도 '적당히'가 모든 것을 정당화할 수 없을 것이다.

시각을 통한 주위 환경 즉, 산책길의 나무나 하늘의 구름, 여행자에게 비치는 낯선 풍경 등에까지 미치는 우리의 또 다른 자아가 그렇고 초감각적인 존재의 영향으로 우리의 또 다른 자아가 그 중심을 잡으며 내적 공간을 채운다. 우리를 움직이게 하는 원동력은 목표에 이미 도달한 또 다른 자신의 보이지 않는 존재가 있다고 본다. 주변 환경에 던져진 자신의 또 다른 자아가 중심을 잡기 위해 몸의 균형을 잡는 중심점이 외부에 존재한다는 사실을 인식하게 된다. 중요한 것은 외부 존재(대상)의 영향이 우리의 자아에 영향을 주고 그 자아는 내적 균형 감각과 더 깊이 연결이 되어 있다고 할 수 있다. 외부 존재란 가정에서 부모님이 될 수 있고 학교 선생님이 될 수도 있으며 배우자가 될 수도 있을 것이다. 내적, 외적 균형 감각은 건강한 자아 형성에 많은 영향을 미친다.

아기가 똑바로 서서 바라보는 세상은 비로소 인간으로 느끼는 또 다른 체험일 것이다. 청소년도 마찬가지로 자의적으로 움직이고 걸을 때 진정 인간임을 의식할 수 있기에 컴퓨터 앞에 앉아만 있거나 공부하기 위해 장시간 앉아만 있는 것이 안타까운 일이다. 일어설 수 없게 만드는 강요된 상황은 더욱더 자아에 대한 심각한 공격으로 느낀다.

여기에서 균형을 잡기 위해 자아가 공간을 채운다는 말의 의미를 설명하자면, 두려운 공간과 상황에서 눈을 떴을 때와 감았을 때 생각의 변화와 상황에 대한 느낌을 달리 경험했던 적이 있었는지를 기억해 보자. 고소 공포증 환자들은 자신의 중심에 있는 자아가 절벽 밑 공간까지 채울 수 없다고 느끼며 그 깊은 절벽 밑으로 중심을 잃고 휩쓸려 내려갈 것 같은 공포감과 두려움이 들기 때문이다. 그러나 곧 다시 균형 잡힌 자아가 절벽을 내려다봤을 때 점차 중심을 잡을 수 있게 되고 절벽 아래까지 자신의 자아가 미치고 그리하여 공간이 채워지고 중심점이 생기기 때문일 것이다. 여기에서 균형을 잡기 위해서 자아가 공간을 채운다는 말의 의미를 이해할 수 있을 것이다.

공간에 관한 불편함을 느끼는 것은 공간을 채운 자아가 중심을 잡지 못하고 함께 흔들리기 때문이다. 몸이 비록 중심을 잡고 있다고 하더라도 흔들리는 공간처럼 느끼게 되는 것은 자아 균형이 중심을 잡지 못하기 때문이다. 가정에서 부모가 자주 다투는 환경에서 아이는 내적 자아 균형 감각이 깨지기 쉽다. 우리는 균형 감각이 어떻게 작용하는지 분명하게 인식할 수 있을 것이다. 새로운 자아를 외부 환경에서 발견하고 획득할 때 균형 감각을 느끼고 균형 감각을 유지하면서 느끼는 감정은 편안함이다. 그리고 이렇게 자신의 균형을 통해 중심을 잡을 때 인간은 자신만의 공간을 가지게 되는데, 인간이 서로 공유하는 공간에서 어떻게 자신만의 공간을 가질 수 있을까? 공유하는 공간에 대한 공동체 의식은 인간만이 소유하는 정신적인 가치이며 이러한 의식은 인간의 균형 감각과 깊은 연관성을 갖는 것을 잊지 말자.

인간은 균형 감각 기관을 통하여 자신의 위치에서 중심을 잡는 자립적인 존재인 동시에 공간을 지각하는 균형 감각을 통하여 주변 환경의 존재를 구별하고 의식할 수 있는 존재다. 인지학에서는 자아가 공간을 채우는 원리 즉, 자아가 자신만의 고유한 영역을 유지하는 동시에 외부 환경의 다른 존재와 관계를 맺으며 끊임없이 노력하며 자아를 확장시킬 수 있는 능력을 '정신 자아'라고 한다. 하지만 정신 자아와 자아는 다른 개념이다. 타고난 능력도 타인과의 관계 속에서 완전히 소화될 때 진정한 만족과 능력이 되는 것처럼 자신의 일부분이 된 능력이 바로 정신 자아에 속한다. 우리는 균형 감각을 통해서 중심을 잡으며 자신의 자아를 인식한다. 균형을 잡는다는 것은 외부 환경에 존재하는 대상에 중심을 맞추는 것이며 이렇게 외부에까지 확장된 자아가 정신 자아다. 어떤 정신적인 가치나 능력을 자신의 일부분으로 완전히 내면화할 때 남에게도 영향을 미칠 수 있다는 것이 정신 자아의 비밀이라 할 수 있다.

우리는 자신의 위치를 정함과 동시에 서로 관계를 맺으려고 하고 소속감을 가지려 한다. 우리가 균형을 유지하면서 인식하는 것은 자신의 존재뿐만 아니라 동시에 타인의 존재도 인식하기 때문이다. 또한 자신의 중심점을 인식하는 동시에 공유하고 있는 공간의 다른 존재들에 대한 인식도 병행해야 가능하기 때문이다. 정신 자아는 관계 속에서 드러나는 개인의 가장 독특한 개성을 의미하기도 한다.

인간이 외부 환경과 결합하는 데 매개체 역할을 하는 감각 기관은 후각, 미각, 시각, 열 감각 이 네 가지인데 우리의 영혼은 이 네 가지의 감각기관으로 외부 환경(대상)을 인식한다. 아이의 균형 감각에 도움을 주고 싶다면, 우리 아이 주변 환경을 좋은 환경으로 만들려 노력해야 한다. 많이 바라봐 주고 따뜻하게 안아 주고 좋은 음식을 같이 나누어 먹으면서 말이다.

(5) 후각

코라는 신체 기관은 인간다움의 상징이다. 후각은 본능과 직결된 감각으로 생존에 급급했던 원시적인 단계부터 점차적인 기능적인 퇴화로 도덕적인 판단을 하는 좀 더 고차원적인 존재로 발달한다.

당연한 것은 생명과 직결된 호흡과 연결되므로 자의적으로 냄새가 너무 독하다는 이유로 호흡을 중단할 수 없을 것이다. 이렇듯 후각은 호흡과 불가결의 관계에 있으며 자극의 노출에 항상 강제성을 띠는 것이 가장 기본적인 특성이다. 하지만 호흡에 통증 자극만 있는 것은 후각이 아닌 생명 감각이라는 것을 잊지 말자. 그리고 후각은 마비되는 성격이 있어 지속적인 자극에 노출이 되면 냄새를 의식하지 못한다. 후각 신경은 신체의 감각 기관 중에서 전달 경로가 가장 짧은 신경 세포다. 혀나 눈에서 뇌의 중추로 전달하는 미신경이나 시신경과 비교해도 확실히 더 짧다. 촉각 신경의 경우는 더 말할 필요도 없다. 이는 하등 동물일수록 환경과 일차원적인 관계를 맺으며 살아가는 후각 동물이라는 것을 말하며 후각은 가장 본능적인 감각이라 할 수 있다. 따라서 '후각=본능 또는 본능=후각'이다. 하등 동물일수록 환경에 본능적으로 반응하며 진화하면서 뇌에서 후각 기능이 분화되어 발달하는 것을 알 수 있다.

인간은 그보다도 더 작은 형태로 진화하게 되는데 태아의 발육 과정에서 설명할 수 있다. 초기 발생 단계에서의 태아는 뇌에서 후각이 차지하는 비중이 크지만 성장하면서 점진적으로 후각 세포가 사라지면서 퇴화한다.

뇌의 구조에서 본능과 직결된 후각이 퇴화할수록 지식을 습득하는 지능과 관련된 대뇌가 발달한다는 것을 알 수 있는데 대뇌의 기능은 배우고 학습한 내용을 기억, 저장하는 것이다. 코로 지각한 냄새를 정확하게 묘사하기 어려운 경우, 우리는 보조 수단으로 이미 뇌에 저장된 기억을 끌어올리게 만든다. 후각이 가장 퇴행하는 노인들의 심리를 치료할 때 회상이라는 주제를 두고 여러 가지 후각을 자극하고 활용하는 이유이기도 하다.

본능에 의존하는 하등 동물은 후각이 발달해 있고 진화 단계가 높을수록 후각 기능이 약화되고 인간의 단계에 이르면 후각의 의존도는 무의미하다. 본능의 기능이 퇴화한 자리에 인간은 총체적이고도 입체적인 인식과 종합적인 판단을 가능케 하는 대뇌라는 기관을 가지게 된 것이다. 하지만 인간은 본능하고도 무관하지 않다. 불결하거나 청결한 환경 또는 물체에 대한 냄새는 환경을 통해 배운다. 환경을 통하거나 학습을 통해 기억된 냄새가 특정한 상황에 대한 판단 기준으로 작용한다. 만약 씻지 않아서 몸에서 불쾌한 냄새가 난다면 우리는 이런 상황에 대해 거부감을 가지게 되고 따라서 씻지 않고는 견딜 수 없게 된다. 이러한 점은 다시 한번 후각의 소중한 의미를 생각할 수 있게 만든다.

휘발성 물질이 코를 스치는 순간 즉각적으로 냄새가 좋은지 나쁜지를, 또는 더러운 냄새인지 상한 냄새인지, 역겨운 냄새인지 등을 판단하고, 그런 후각은 몸의 위생이나 건강을 기준으로 하는 가치 판단에 그치지 않고 종교적인 선과 악에 대한 판단력으로 확장되기도 한다. 이러한 인간의 도덕적인 행위나 의식은 후각에 그 뿌리를 두고 있다. 이것이 후각의 고유한 특성이다. 도덕성과 후각을 연관하여 비리나 타락, 악을 상징할 때 우리는 '썩은 냄새가 난다'라고 표현한다. 또는 악마의 모습을 추하고 더럽고 불결하게 떠올린다. 즉, 사후에 제일 먼저 평가받는 것은 바로 도덕성인 것이다. 냄새와 도덕성의 연관성은 고대 이집트인들의 이야기에서도 전해져 내려온다. 어떻게 보면 우리 인간은 후각이란 감각 기관을 통하여 '좋다' '나쁘다' 기준 즉, 물질의 가치를 판단하게 되니까 고마운 마음을 가져야 할지 모르겠다.

물론 사람의 도덕성이 단순히 외적인 판단 기준의 성질은 아니다. 다양한 분야에서 도덕적인 기준에서의 판단이 절실히 요구되는 시대를 살아가는 현대인에게는 후각의 도덕적인 기능의 단련이 그 어느 때보다도 중요하다 할 것이다. 하지만 향수 회사에서는 인간의 본능을 자극해 상업성으로 이용하기도 하지만 후각이 도덕적인 기능의 교육을 통해서 강화시킬 수 있다는 측면도 있다.

인간의 코가 상징하는 것은 무엇일까? 인간과 마찬가지로 다른 고등 동물들도 뇌에서 후각 피질이 분리되어 발달되었지만 이들 동물에게는 인간과 달리 냄새를 맡는 코가 제대로 형성되지 않았다는 사실은 흥미롭다. 인간과 흡사한 원숭이도 코가 없어 불완전한 형태를 하고 있다. 그렇다면 인간만이 유일하게 코를 가지고 있다는 사실은 무엇을 의미할까? 코만큼 개성이 강하게 드러나는 부분도 없다. 축제가 열리는 곳에서 커다란 가면을 코에 덮어쓰면 군중 속에서 우리는 누가 누구인지 서로를 알아보지 못한다. 이렇게 코를 가리게 되면 우리의 고유한 자아나 개성이 상실되어 버린다. 인간의 도덕성과 연관된 감각 기관이 후각의 점막 상피는 우리의 몸 중에서 코에 위치하고 있다. 유일하게 인간만이 가지고 있는 코는 인간과 동물을 구별하는 가장 특징적인 신체 기관이며 이러한 인간다움의 표상인 코의 형태는 요람에서 무덤까지 개개인의 인격적인 성숙과 함께 변화한다.

어떤 사물의 가치 판단은 시간의 흐름에 따라서 완전히 달라질 수 있으며 또한 본질을 파악하기 위해서는 충분한 시간적 여유가 필요하다. 혈기 왕성한 젊은 시절에는 성급한 판단을 내리기 쉽지만 나이가 들고 성숙해짐에 따라 신속한 결정이 결코 최선이 아니라는 경험을 바탕으로 더욱 신중한 태도를 가지게 되는 것처럼 말이다. 도덕적인 판단이란 자신의 행위에 대한 철저한 책임을 의미한다. 낙태나 안락사 같은 문제의 비윤리적인 행위나 인식 등이 다수의 의견이라는 명목하에 정당화될 수는 없다. 양심의 가책에서 결코 벗어날 수 없을 것이다.

(6) 미각

후각의 구조와는 달리, 입(미각)은 우리의 의지에 따라서 열고 닫을 수 있다. 상당히 사적인 공간이다. 후각처럼 직접적이고 즉각적이며 공격적인 자극에 노출되지 않는다. 재미있는 건 맛을 느낀다는 것은 외부의 물질을 몸에 받아들이고 다시 받아들인 물질과 몸에서 생성된 물질인 침이 서로 동화되는 과정을 의미한다. 이는 마치 우리가 다양한 성격의 사람들과 만나서 서로 화합하면서 조화를 이루고 살아가는 것과 유사하다고 할 수 있다. 음식의 맛을 음미한다는 것은 음식과 친밀한 대화를 나누는 것으로 볼 수 있고 이 대화의 산물은 흡수되어 마침내 몸을 구성하는 요소로 변형하게 된다.

몸의 소화 기관 중에서 입은 그 출발점에 해당한다. 그런 의미에서 후각과 미각의 차이는 크다고 할 수 있다. 장미의 향기는 코를 가득 채우지만 잠시 머물 뿐이고 장미 향의 휘발성 물질은 곧 사라진다. 그와는 반대로 음식물이 입안에서 머무는 시간은 비록 길지는 않겠지만 음식물에서 섭취한 영양분은 우리와 아주 오랫동안 관계를 맺는다.

양분은 우리의 존재의 형성에 지대한 영향을 미치므로 몸의 구성체로 받아들이기 이전에 당연히 신중한 검토를 위한 대화의 시간이 충분히 필요한 것이다. 이 같은 대화를 원만히 진행하고 외부에서 들어온 음식물에 대해 세심한 주의를 기울이는 데 주도적인 역할을 하는 것은 입안의 혀이다. 이런 의미에서 혀를 '경계를 지키는 파수꾼'이라 부르기도 한다.

입안에서는 미각만 사용하는 것이 아니고 촉각, 열 감각, 그리고 생명 감각 등 다른 기관들도 함께 조화를 이루며 협력하는데 혀는 따뜻하거나 차가운 음식이 닿는 것을 감지하는 촉각 기관이며 동시에 매운 고추나 지나치게 뜨거운 음식을 먹을 때는 생명 감각의 도움으로 통증을 느끼게도 한다. 씹는 과정을 통해서 우리는 음식과 은밀한 만남을 이루게 되고 이때 분비되는 침은 음식물이 내장 기관에서 소화 및 흡수되는 것을 촉진제 역할을 한다. 따라서 음식을 한꺼번에 입안으로 쑤셔 넣거나 혹은 입에 넣자마자 꿀꺽 삼키는 식습관은 아이들의 성장을 저해하는 요인이 된다. 아무리 영양가 높은 음식이라도 지나치게 갈아서 만든 죽도 아이들의 씹는 능력 발달을 저해하는 요인이 된다. 아이들은 만 2세가 되면 딱딱한 음식을 느낄 정도로 치아가 발달한다는 것을 잊지 말자. 그렇다면 미각이라는 감각 기관을 우리는 어떻게 사용하고 있을까? 아마도 미각만큼 도덕적으로 타락한 감각 기관도 없을 것이다. 사악한 뱀의 날름거리는 혀나 사회 통념상 혓바닥을 내미는 행동이 불손하고 무례하게 인식되는 것은 결코 우연이 아니다. 인간을 죄의 구렁텅이에 빠트리기 위해 악마가 가장 효과적으로 생각한 수단은 바로 인간의 미각(원죄 감각)이었을 것이다. 이렇듯 미각은 신이 인간에게 허락한 자유 의지가 가장 취약한 감각 기관이다. 음식 맛의 평가는 보통 '맛있다'와 '맛없다'의 두 가지로 대답하는데 이런 판단의 기준이 맛있는 것에 대한 욕구로서, 바로 인류 원죄의 씨앗이 된 것이다. 하지만 이러한 상황에서 우리가 대하는 음식은 우리의 건강을 회복하고 지키기 위한 절체절명의 조건으로 간단하게 판단할 성질의 문제가 아니다. 섭취한 양분은 건강 척도로 하는 기준이 진정한 의미의 미각이 가지는 특성이다.

네덜란드 인지학회 초대 회장을 역임하고 의사이자 심리 치료사인 차일만스 반 엠마호벤(Zeylmans van Emmichoven, 1893~1961)은 "인간의 몸은 스스로 필요한 양에 대해 판단할 수 있는 구조를 지니고 있다. 언제 포크를 들어야 하고 또한 언제 포크를 내려놓아야 하는지에 대해 몸은 정확히 알고 있다."고 말을 했다. 몸은 필요한 양의 한계를 자가 판단하는 능력을 갖추고 있다는 의미다.

일반적으로 미각은 일반적으로 짠맛, 신맛, 단맛, 쓴맛으로 분류한다. 몸 안으로 들어온 물질을 일단 몸이 편하게 단맛의 상태로 변화시키는데 의식과 무의식의 중간 상태를 자극한다. 신맛이 나는 음식을 먹기 위해서는 인내심이 약간 필요하지만, 생기를 북돋우고 의식을 깨어나게 한다. 유아기의 아이들에게 먼저 단맛이 나는 음식을 주고 난 다음에 신맛이 나는 음식을 주는 것도 다 그런 이유다. 짠맛이 나는 음식은 어느 정도 성장한 뒤에 주어야 하며 인간의 의식에 자극적으로 작용한다. 단맛과 신맛은 그 자체 고유의 맛을 살려 내며 소금의 짠맛은 본래의 짠맛보다는 음식 재료에 감춰진 고유한 맛의 가치를 높여 줄 뿐만 아니라 자신의 맛을 드러내지 않고 다른 재료의 고유한 맛을 살리는 힘이 바로 짠맛의 신비한 마력이라 할 수 있다.

쓴맛은 미각 중에서 가장 친해지기 어려운 맛이다. 쓴 것을 먹는다는 것은 항상 의지를 요구하는 일이며 극복해야 하는 과정으로 받아들여진다. 그래서 아이들은 쓴맛에 대한 거부감이 가장 크고 좀 더 어른이 되어 용기가 생기고 쓴맛을 먹을 수 있을 만큼 정신적으로 그만큼 성장했음을 의미한다. 고통스러운 병마와 싸워 이기고 건강을 되찾는 것은 아무리 쓴 것이라도 참고 먹을 수 있는 의지가 필요하다는 것을 알고 있을 것이다. 쓴맛의 이러한 특징은 생명 감각에서 살펴본 통증의 기능과 일맥상통한다. 힘든 고비를 의지로 극복할 수 있는 것은 인간만이 누리는 특권이며 고통을 참고 이겨낼 때 진정 인간다움을 느낄 수 있다. 아이들이 좋아한다고 해서 단것만 먹이고 적절한 시기가 되어도 쓴맛에 길들이는 훈련을 하지 않는다면, 아이의 내면에는 쓴맛을 견뎌내는 내성이 결코 생기지 못할 것이다.

맛을 음미한다는 것은 외부의 물질이 몸의 일부분으로 동화되기 위한 과정의 경계를 지키는 것이라 했으며 섭취한 물질은 우리의 생명을 유지하고 육체를 성장시킨다. 이처럼 미각 기능은 생명력을 부여하는 과정으로 비유할 수 있으며 생명을 부여하는 상호 작용을 말하기도 한다.

인간이 음식물을 통하여 양분을 흡수한다는 것은 육체의 활력을 얻는 이상의 의미가 있다. 육체의 생명력은 인간이 정신의 양분을 취할 수 있는 밑거름이 되기 때문이다.

인간은 본질적으로 육체에 필요한 양분과 더불어 정신에 필요한 양분도 필요한 존재이다. 근본적으로 인간에게는 육체의 양분과 정신의 양분은 분리할 수 없는 차원의 문제일 것이다. 우리가 섭취하는 양분 그 자체가 우리를 건강하게 만든다고 믿는 것은 잘못된 생각이며 섭취한 물질이 제대로 소화·흡수되어 생명의 힘으로 작용하기에 이르는 전체의 과정이 우리 건강을 좌우한다는 것을 의미한다. 다시 말해, 우리가 섭취하는 양분이 어떤 방식으로 생산되는지도 중요하지만, 양분을 섭취하는 행위의 의미를 새겨 보는 것도 중요할 것이다. 다양한 색과 맛이 있고 영양가 있는 음식과 함께 식사 장소는 세 가지 문화가 공존하는 공간이기도 하다. 음식을 요리하는 주체인 육체는 이미 결정된 과거에서 오는 문화이며, 주방의 가구나 실내 장식 그리고 입는 옷과 식사 예절은 우리의 영혼이 느끼는 양식을 반영하는 현재의 문화이고 식탁의 대화를 이끌어 가는 주체인 우리의 정신은 미래를 향해 나가는 문화다. 대화하며 서로의 체험을 나누고 함께 이루고 추진하며 계획하는 미래를 꿈꾸는 풍성한 식사 시간은 좋은 배경 음악이 없어도 아이들에게는 더없이 좋은 환경일 것이다.

(7) 시각

시각은 진정한 의식이 깨어나는 감각 기관이라 할 수 있다. 눈을 통하여 다른 감각 기관을 관찰할 수 있으며 모든 사물을 비추는 기능이 있다. 우리가 가장 의존하는 감각이고 몸에서 가장 눈에 띄는 감각 기관으로서 그 어떤 감각 기관보다도 피부의 바깥 부분에 노출되어 있고 또 유일하게 피부가 벌어진 형태를 하고 몸의 최전방에서 감시 초소의 역할을 담당한다.

다시 말해, 후각은 코의 상피와 뇌가 연결되고 미각은 혀 점막 표면의 맛 봉우리와 뇌의 신경 세포와 연결되며 청각 기관의 달팽이관은 신체의 한 표면이 변화되어 발달되었다. 이렇듯 대부분의 감각 기관은 우리 몸의 한 표면이 섬세히 발달하면서 특별한 능력을 가진 감각 기관으로 변화되고 뇌의 중추 신경 기관으로 연결되는데 시각은 뇌의 연장이며 두개골에 둘러싸인 뇌의 일부가 뻗어 나와 밖으로 노출된 것이 우리의 눈이라 할 수 있다.

완전히 폐쇄된 공간에 있는 뇌가 눈이라는 감각 기관을 통하여 세상의 빛을 찾아 나온 것이라 할 수 있다. 어두운 곳에 위치한 뇌에서 분화하여 발달한 우리의 눈도 빛에 노출되면 다양한 색상의 빛을 발하게 되는데, 시각으로 인지하는 색의 세계는 무지개 일곱 색깔로 명쾌하게 분류할 수 있다. 눈의 색을 결정하는 홍채의 어원은 무지개의 여신을 뜻하는 그리스어의 '이리스(Iris)'에서 유래하였는데, 홍채는 그 자체로 하나의 무지개를 의미한다. 무지개란 색채의 법칙에 따라 생성되는 자연 현상으로 여기서 말하는 자연의 법칙은 뉴턴의 빛의 법칙이 아닌 괴테의 색채론에 따르는 자연의 법칙으로 설명하고자 한다. 뉴턴은 프리즘을 이용하여 백색광을 무지개의 색채 스펙트럼으로 분리하지만 괴테는 색채를 밝음과 어두움의 양극적인 대립 현상으로 본다.

괴테는 빛과 어둠의 상호 작용에서 색채가 생성(빛과 어둠의 경계에서 색이 생성)되는 데 두 가지 가능성이 있다고 주장한다. 빛이 어둠을 압도하면 빨강이나 주황 그리고 노랑의 따뜻한 계통의 색이 생성되고 반대의 경우, 어둠이 지배적이면 파랑과 남보라 등의 차가운 색이 생겨난다는 것이다. 어두운 부분인 동공 주변은 따뜻한 계열의 색상(빨강, 주황, 노랑)이 나타나고 흰자위 주변은 차가운 계열인 녹색이나 파란색이 나타나는 것을 알 수 있다. 이러한 괴테의 색상환에서 설명하는 색의 연속성이란 자연에서 볼 수 있는 신비로움으로 끊이지 않고 연속적으로 순환하는 것이 고유한 특징이다. 이렇듯 서로 대비되는 양극적인 요소를 채우고 조화롭게 보완하는 속성을 지닌다. 대립적인 요소와 조화를 이루고 '총체성'을 지향하는 시각의 속성은 항상 단일성을 극복하고 전체적으로 나아가려는 경향이 있다.

인간은 영혼 속에 갇힌 자아의 본성을 자연 속에 끊임없이 드러내고자 하는 존재다. 자연과 동화하려는 이러한 인간의 노력에 가장 부합하는 감각 기관이 바로 시각이다. 시각이 작용하기 위해서는 자연의 도움이 절대적으로 필요하다. 그렇기에 태양이 없다면 사물을 볼 수 없듯이 시각은 인체의 태양이라 할 수 있고 시각의 작용은 태양의 존재와 불가분의 관계에 놓여 있다. 그리고 여기에서 나타나는 유채색은 우리의 감정에 큰 영향을 미친다.

예를 들면, 외부로 향하는 대표색 빨강은 열정과 활동적인 느낌을 주고 오렌지색은 에너지를 가진 활기찬 느낌, 노란색은 쾌활하며 가벼운 명랑한 느낌을 주고 중립적인 색의 녹색은 진정시키고 편안한 느낌을 전달한다. 내부로 향하는 파랑은 깊은 안정감과 정직한 신뢰를 준다. 이러한 색상은 인간의 내면을 자극하여 인간의 기본적인 감정을 밖으로 끌어내는 힘이 있다. 다채로운 색상을 띠고 인간의 감정이 표출되는 통로로서, 마치 꽃이 피어나듯 인간의 본성이 드러나는 기관인 시각은 인간에게 특별한 의미를 주는 것은 분명하다. 눈은 뇌가 연장되어 나타나는 영혼의 거울이며 따라서 두 영혼의 만남인 사랑은 눈을 통하여 이루어지는 것이다.

눈은 인간의 가장 기본적인 감정이 표출되는 통로인 동시에 눈을 감으면 비로소 외부와 차단할 수 있는 유일한 감각 기관이기도 하다. 다시 말해, 시각은 착시 현상이 일어나는 유일한 감각 기관으로 뇌 기억의 오류를 가지기도 한다. 착각을 일으키는 이유는 '눈을 통하여(보이지 않는 것을 보려고 하는 힘)' 사고하기 때문이다. 인간만이 사고를 할 수 있는데 사고는 특히 눈을 통하여 이루어지고 어떤 사물을 볼 때 그 사물을 인식하는 과정에서 사고가 기대하는 상이 보완되어 눈은 착시 현상을 일으킨다. 즉, 내적인 나의 결핍으로 주변 환경을 인지하고 자신이 원하는 방향으로 보고 싶은 것만을 보는 것 등 이러한 현상은 착시라기보다 판단 오류라는 표현이 더 적절할지도 모른다. 괴테는 "감각은 우리를 기만하지 않는다. 단지 우리의 판단이 흔들릴 뿐이다."라고 했다.

또한 시각은 모든 감각 기관을 포괄하는 성격을 지니며 다른 감각 기관과의 작용에 함께 관여한다. 중심을 잡기 위해서는 우리는 몸의 균형 감각과 더불어 시각이 중요한 역할을 하는데 타고난 욕망이나 본성을 억제하고 지배하는 자아의 주체인 인간의 본성을 잘 반영하며 감정이 발현되는 곳이 바로 눈이다. 즉, 사랑하는 사람과의 눈을 바라보지 않고 서로의 감정을 알아채기 힘들고 서로의 체온(열 감각)을 통해 사랑을 느낄 수 있을 것이다.

(8) 열 감각(온도 감각)

열 감각은 시각과 같이 태양과 밀접한 관계를 가진다. 빛(시각)과 열에너지(열 감각)의 원천이기 때문이다. 인간과 동물(정온 동물)은 체온을 유지하는 기능이 있지만, 하등 동물은 체온 조절 기능이 없다. 반딧불과 하등 동물은 빛을 발하는 태양의 속성을 지니고 인간은 열을 내는 태양의 속성을 지닌다.

열은 여러 성질과 속성이 있는데 물체로 하여금 빛을 발산하는 힘, 즉 인류의 문명을 꽃피운 불의 힘이 있다. 열에너지는 인간이 존재하기 위한 절대적인 전제 조건으로 인간이 움직이고 느끼며 생각하는 12개의 감각 기관으로 사물을 인지할 수 있는 이 모든 것이 열에너지가 존재하기 때문에 가능한 것인데, 우리의 몸도 체온 조절 기능을 통해서 이러한 과정을 거친다. 열에 대한 속성을 우리는 열정이라고 표현할 수 있는데 인지학에서 인간이 활동하기 위한 내적인 원동력을 '아스트랄체'라고 한다. 아스트랄체는 우주를 운행하는 '성체'를 의미하기도 한다. 이 성체를 우리는 '태양체'라고도 부르는데 태양도 하나의 별이기 때문이다.

인간의 육체가 움직일 수 있는 것은 열에너지에 의해서 가능하고 인간은 아스트랄체 즉, 내적인 움직임에 의해서 행동하므로 열 감각기관의 원천은 아스트랄체다. 일반적으로 붉은색에서 따뜻한 느낌과 지칠 줄 모르는 심장 박동에 의해 공급되는 혈액의 왕성한 활동력을 의미를 찾는다. 하지만 조화롭고 편안하며 고요한 느낌을 주는 녹색은 욕망이 없는 식물의 특성이다. 식물의 마그네슘이 밝은색과 합성하여 엽록소를 형성함으로써 만들어지고 피의 붉은색은 체내의 어두운 골수에서 철분의 도움으로 생성된다. 이렇게 생성된 혈액은 산소를 전신으로 공급하여 체내에 열을 발생시킨다. 심장도 근육이라 하는데 체내에 감춰진 심장은 몸의 중심부에 위치하며 우리의 감정 변화에 직접적인 영향을 받고 반응한다.

우리의 의식은 스스로 에너지를 재생하는 능력이 없기에 체내의 생명 에너지로부터 힘을 얻는다. 심장을 비롯하여 우리의 의식과 무관한 몸의 기관들은 결코 지치는 법이 없지만 우리의 의식과 관계하는 몸의 조직은 생명 에너지를 소모한다. 이렇게 소진한 에너지는 수면으로 재충전을 하게 되고 잠을 자기 위해서 우리는 어둡고 조용한 공간을 찾는데, 가능한 한 외부의 감각적인 자극을 차단하기 위해서다. 그러나 항상 차단되지 않는 것은 바로 열 감각의 작용인데 얼굴은 둔감한 편이지만 손을 비롯한 나머지 신체 부분은 체온을 일정하게 유지해야 하기 때문이다. 에너지 전달하는 통로 역할을 하는 것이 바로 체온 조절하는 열 감각 기관인 것이다. 잠을 자는 동안 충전받은 에너지를 인간은 다시 세상에서 다양한 관심을 펼치며 활동할 수 있는 것이다.

슈타이너는 인간에게 가장 먼저 생긴 감각이 열 감각이라 주장한다. 열 감각은 다른 감각 기관들이 작용하기 위해서 기본적으로 필요한 모든 감각 기관의 근원이 되는 힘이며 주변 환경에 대한 관심에서 출발하는 것이다. 인간은 12개의 감각 기관을 통하여 12가지 형태의 다양한 에너지, 즉, 세상을 향한 12가지 형태의 관심과 감동을 체험하는 것이라고 볼 수 있다. 인간은 육체적으로 열을 발산하며 활동하기를 원하는 존재다. 할 일이 없다는 것은 세상에 고립되고 소외되는 것을 의미한다. 따라서 인간은 자신의 관심에 부합하는 경험을 쌓기 위해 부단히 노력하는데 이러한 경험의 장에서 인간은 끊임없이 변화를 추구하기도 한다.

외부에 대한 관심, 얼마나 열의를 가지고 참여를 하느냐에 따라 우리의 체온은 변하고 우리의 관심이 받아들여질 때 따뜻한 온기를 느끼며 이런 열기는 소속감이나 동참을, 냉기는 고립과 단절을 의미하며 상대방의 냉랭한 무관심에 마음이 얼어붙는 것과 같이 느낀다고 할 수 있다. 자연은 인간의 욕구 충족을 위한 다양한 원천을 제공하지만 환경에 변화를 일으키는 것은 인간의 몫이다. 그런데 인간이 환경을 변화시킬 수 있는 것은 인간의 몸이 하나의 열 조직으로 자유롭게 움직일 수 있기에 가능하다.

또한 인간은 내면적인 경험을 추구하는 존재인데 육체적인 편안함이나 불편함은 생명 감각을 통하여 느끼지만, 정신적인 만족이나 불만족은 바로 열 감각을 통해서 인식하게 된다. 불안과 수치심을 느낄 때 나타나는 현상은 대조적이다. 인간이 불안감을 느끼면 피부의 말초 혈관이 수축하여 얼굴이 창백해지는데 위급한 상황에 대처하기 위하여 자신을 가능한 한 작게 축소하려고 하는 인간의 본능이 작용하기 때문이다. 일반적으로 인간은 경험을 타인과 공유하고자 하는 욕구를 가지지만 수치심을 느낄 때는 어디론가 숨고 싶어진다. 관심을 표현하기보다는 관심을 전달하는 열을 뺏기지 않으려고 무장하고 싶어지는 것이다. 하지만 수치심이 아닌 취약성으로 느낄 때, 인간은 위대한 도덕적인 힘을 가지기도 한다. 취약성으로 자각하는 아이는 부족한 부분을 채워 계속 성장하려 하지만 수치심을 느끼는 아이는 더 성장하지 않는다.

열 감각은 인간이 환경에 무관심하지 않도록 끊임없이 자극을 주는 역할을 한다. 인간은 열 감각을 통하여 외부 환경과의 온도 차를 인식하게 되고 이러한 인식은 곧 주변 관심으로 발전하기도 한다. 만약 열 감각이 존재하지 않았다면 인간다움의 고귀함도 없었을 것이다. 다시 한 번 말하지만, 인간의 감각 기관은 위대한 스승이다. 인간은 12 감각 기관 덕분에 각기 고유한 기능을 수행하고 조화로운 관계를 형성하고 있다.

⑼ 청각

이 지구상에는 바람에 스치는 나뭇잎 소리, 폭포 소리, 파도가 부서지는 소리, 빗방울이 떨어지는 소리, 천둥소리, 산사태로 인해 눈이 쏟아지는 소리, 동물들의 울음소리를 비롯하여 자연이 생성하는 다양한 소리가 있다. 하지만 항상 여러 소리가 뒤섞여 계속 시끄럽게 울린다고 상상한다면,

하나의 고문이 따로 없을 것이다.

소리가 울린다는 것은 즉 움직임이 생성되는 것이다. 귀로 지각하는 소리는 물체의 본성을 이해하는 것이다. 예를 들어, 잔 부딪히는 소리만 들어도 우리는 그 잔이 크리스탈로 제조된 것인지 플라스틱으로 제조된 것인지를 가려낼 수 있다. 청각을 통해 물질의 본질을 파악할 수 있다는 것이다.

청각과 인간 정신과의 연관성을 가지고 설명하자면, 인간의 정신은 영혼보다 높은 차원에 속한다. 인간의 영혼은 외부의 세계에 대해 반응하고 그 안에서 무엇을 '하는 것'과 관련이 있지만, 인간의 정신은 스스로 그 무엇인가를 '하는 것'과 관련이 있다. 인간은 충동적인 욕구나 감정을 극복하는 과정을 통해서 비로소 정신적인 내면화가 이루어진다. 내면화라는 것은 하나의 과정인데 인간의 귀는 외부에서 발생하는 무엇인가에 반응하여 내면화된다.

인간의 눈은 정신의 영역인 내면에서 출발하여 외부로 나아가 현상을 지각하고 인간의 귀는 바깥에서 출발하여 점점 더 깊은 정신적인 차원으로 내면화한다. 그렇다면, 내면화라는 것은 무엇을 의미하는 것일까? 청각의 내면화하는 과정을 이해하기 위해 예를 들자면 항상 목소리 톤이 높고 쉴 새 없이 말을 많이 하는 엄마 곁에서 자란 아이는 항상 높은 음을 가진 사람의 목소리에 편안한 정서적 반응을 할 것이고 반면 낮은 음을 가진 사람에게는 눈치를 보며 불안함이나 불편감을 가질 것이다. 이렇게 인간의 청각 기관은 지상과 관련된 영역(환경)에서 심오한 차원으로 '내면화'된다. 일차적으로 외부에서 지각한 자극(음향)을 의식에서 더 높은 차원으로 인식하는 일련의 과정을 통하여 우리는 청각의 본질을 더욱 깊이 이해할 수 있다. 청각이 인간의 영혼보다 정신의 영역에 가깝다는 것은 음악이 사고를 바탕으로 한 수학의 영역에 훨씬 가깝고, 리듬을 비롯한 음악의 모든 구성 요소는 수학의 법칙으로 설명할 수 있다. 수치의 관계로 표현되는 수학은 인간이 내면으로 듣고 이해하는 정신세계와 관련이 있으며 수학을 가르치는 이유와 인간이 내적으로 깊은 사유를 할 수 있도록 수학이라는 학문을 배워야 하는 이유이기도 하다. 선천적인 청각 장애를 가지고 태어난 아이는 유감스럽게도 예술가의 길을 걸을 수 없다고 한다. 이렇게 청각을 예술 감각이라고도 부른다.

우리가 지상에서 중심을 잡기 위해서는 균형 감각이 필요한데 지상의 물질적인 차원을 극복하고 더 높은 차원의 세계로 올라가기 위해서는 균형 감각을 이용하여 지상에서 똑바로 설 수 있는 것이 전제되어야 하듯이 삶의 기반에서 더 높은 차원의 세계, 즉 정신적인 사유를 할 수 있도록 도약하는 것은 청각을 통해 소리를 경청함으로써 가능하다. 그리고 우리가 내적인 균형을 유지하기 위해서는 외적인 균형을 차단해야 함을 알 수 있다. 음악을 감상한다는 것은 우리가 마음의 산책을 즐기듯 끊임없이 고음과 저음, 빠른 음과 느린 음 혹은 강한 음과 양한 음 사이에서 내적 균형을 유지하는 것이다. 클래식 음악은 가장 폭이 넓고 균형 있는 음악이라고 할 수 있으며 이런 클래식에 노출이 많은 아이는 실제로 내적 균형 감각이 좋다. 불규칙적 또는 너무 높은 리듬을 가진 균형이 깨진 음악에서는 감동을 줄 수 없을 뿐만 아니라 내적으로 더욱 고립되거나 불안감을 느끼게 된다.

청각을 통하여 사회적인 요소가 어떻게 작용하는지도 살펴보자. 남의 말에 귀를 기울인다는 것은 자신의 육체적인 것을 넘어서서 정신적인 차원에서 타인에게 몰입하는 것을 의미한다. 청각을 통하여 인간은 진정한 의미의 사회적인 공동체로 서로의 소리를 들으며 관계를 형성해 간다. 이런 인식을 통해서 우리는 스스로 움직이고 감동을 가지는 음악의 속성을 더욱 깊이 이해할 수 있다. 아이들을 교육하면서도 녹음된 음악을 들려주는 것보다 새로운 음을 창작하고 각기 다른 음과 음이 만나 하나의 곡을 합창하는 등 함께 불러 보는 것이 중요하다.

우리는 음악을 이용하여 누군가를 깨우고 잠들게 할 수도 있으며 음악을 들으며 눈물이 날 정도의 감동을 하거나 활력을 얻기도 한다. 음악은 장벽을 허물어 그 자체로 인간을 움직이게 하는 역동적이고도 창조적인 힘의 원천이 되기도 한다. 이런 육체적인 움직임을 내면적으로 승화시키게 되고 무언가를 듣는다는 것은 언제나 자신과 거리를 두고 어떤 사물이나 어떤 다른 존재에 몰입하는 것을 의미하는데 이 점이 청각 감각 기관의 사회적인 특성이다.

⑽ **언어 감각**

언어를 듣는 것, 다른 사람이 사용하는 언어를 우리가 인지하는 것을 의미한다. 이 감각은 상호 간의 의사소통에 관계하므로 의사소통 감각 혹은 사람과 사람 사이의 관계를 맺는 매개의 역할을 하므로 교제 감각이라고도 한다. 언어를 표현하고 듣는 것으로 음악을 듣는 청각하고는 다른 한층 높은 차원의 영역이다.

우리는 언어를 이해하기 위해서 단순한 음향이나 음악을 듣는 것보다 더 많은 의식 과정을 거치게 됨을 알 수 있다. 언어에 있어서 모음과 자음은 물질로 만들어진 악기와는 차원이 다른 인간 정신의 악기이며, 인간은 이 초감각적인 차원의 악기들을 자유롭게 다룰 수 있고 아름다운 정신적 차원의 멜로디를 연주하는 위대한 능력의 소유자다.

인간이 표현하는 움직임의 언어는 크게 두 가지로 나눌 수 있다.

첫 번째, 상황에 순응하기 위한 동작이다. 목공 일을 하거나 대패질을 하거나 옷을 입거나 운전을 하거나 차를 마시거나 하는 등의 움직임이다. 이와 달리 두 번째는 감정 상태를 표현하는 동작이다. 놀라거나 겁에 질리거나 공포에 떨거나 혹은 기쁨으로 얼굴이 환하게 퍼지며 생기는 움직임으로 즉, 살아가면서 표출한 감정의 흔적이라고 말한다.

언어가 형성하는 힘은 대단하다. 다양한 악기들이 이음새가 끊이지 않고 유기적이고도 유연하게 연결되어 내는 조화로운 소리를 가지듯이 인간이 사용하는 언어의 감정과 창조적인 힘은 인간에게 끊임없이 영향을 미친다.

타인의 말에 경청하는 것은 무엇을 의미할까? 남의 말에 귀를 기울이는 것은 상대방이 말로 표현하는 그 사람의 생각을 이해하려고 노력하는 것이다. 대화를 하는 중에 우리는 때로 상대방의 생각을 먼저 알아차리고 생각을 표현할 적절한 어휘를 찾지 못해 애쓰는 상대방을 도와줄 때가 있다. 이러한 것은 말로 무엇을 표현하려고 애쓰는 아이들의 초감각적인 그 무엇을 감각 기관을 통하여 형상화해 내려고 고심하는 창조적인 행위를 막는 행위다. 기다려 주어야 할 것이다. 대화를 하는 것은 고차원적인 것으로 언어로 구체화하려는 독창적인 활동을 의미하는 것이다. 가장 고차원적인 언어를 표현하는 시인들은 생각과 감정을 함축적인 단어로 잘 표현하고자 하며 보편적으로 아이들에게 일기를 쓰도록 하는 이유이기도 하다.

하나의 창조적인 활동으로서 인간은 언어의 도움으로 귀로 들을 수 없는 초감각적인 영역의 조화로움을 끌어오려고 노력한다는 것을 잊지 않아야 한다. 일상생활에서 대화는 우리의 사고를 언어로 표출하는 그 이상의 의미가 있다.

⑾ 사고 감각

인간이 언어를 듣고 이해하는 것 이외에 말로 표현한 것을 이해하고 그것을 인식하는 영역으로 언어의 이면에 또 다른 무언가가 존재한다. 이것을 원칙적으로는 언어로 표현될 수 없는 사고 감각의 영역이라 한다. 사고의 개념들은 언어보다 높은 차원의 의식에 존재하며 그 개념은 완벽하게 고요한 침묵에 존재한다. 인간의 생각은 결코 완벽하게 표현될 수 없다. 참된 진리에 도달하기 위해서는 언제나 고통이 따르기 마련이다. 우리는 이런 고통을 이겨낼 수 있는 강한 정신력을 기를 필요가 있고 인간은 수많은 고통을 감내하고 극복함으로써 진리에 대한 의식이 싹이 트고 자라는 것이라 할 수 있다. 슈타이너는 사유하는 지혜를 이런 의미에서 고통의 결정체라고도 했다.

사고 감각의 특성을 반영하는 별자리는 황소자리인데, 농경 사회에서부터 소는 중요한 노동력의 원천이면서 운반의 수단으로서 필수적 존재다. 이러한 희생이라는 상징성이 사고 감각의 특성을 그대로 잘 반영한 듯 보인다. 자신의 육체적인 상태나 체질에 주의를 기울이며 고통에 작용하는 생명 감각과 반대로 실제로 사고 감각은 인간이 가진 모든 것을 희생하는 것과 관련이 있다. 사고 감각은 자신과 관계하는 모든 것을 버리고 오로지 타인의 생각을 이해하기 위해 타인에게 온전히 몰두하는 감각 기관이다. 바로 이런 희생의 과정을 상징하는 것이 황소자리가 갖는 속성이며 사고 감각의 특성이라 할 수 있다.

사고 감각이 가지는 원동력의 힘은 희생 정신이 사고를 하는 모든 인간에게 존재하도록 하는 것이다. 타인에게 다가가는 진정한 사회적인 존재가 되도록 말이다.

⑿ 자아 감각

슈타이너가 말하는 자아 감각은 인간이 자기 자신을 '나'라고 표현하고 독립된 개체로 인식하는 것이 아니라 나와 관계하는 타인도 바로 '나'와 똑같은 자아를 소유한 존재이며 나와 교제하고 대화를 나누는 독립된 개체로 인식하는 것을 말한다. 즉, 누군가의 말을 경청한다는 것은 자신의 자아 감각을 통하여 타인의 자아를 만난다는 것이다. 상대방과 의견이 일치하는 동안은 같은 자아라 인식하고 잘 몰두하면서 생각이 다르거나 언쟁하는 순간 우리는 즉각 상대방 역시 자아의 주체라는 사실을 절감하기도 한다. 이렇게 부정적인 상황에서 그 존재감이 가장 강하게 드러나는 점이 자아 감각의 고유한 특성이자 우리에게 주는 교훈이기도 하다.

높은 차원에 자아를 경험하기 위한 자아 감각은 건강한 촉각의 발달이 무엇보다 중요한 전제가 된다. 또한 아이가 촉각을 통해 경험하는 모든 것에는 아이의 자아 감각 발달에 중요한 초석이 되기도 한다.

건강한 자아는 타인에게 완전히 지배당하는 것을 견디지 못하지만 어떤 형식의 대화나 만남이든지 항상 약간의 내적인 긴장감이 유지되는 것이 건강한 인간관계이다. 이렇게 타인과의 대화나 관계에서 자신의 자아를 항상 의식하며 깨어 있도록 인지하는 것은 중요하다.

자폐증을 앓고 있는 아동의 경우 자아 감각의 기능에 장애가 생긴 경우라 할 수 있는데 자폐아의 치료에서 무엇보다 중요한 것은 먼저 육체적인 자아를 의식하게 하는 촉각의 발달이다. 촉각이 예민한 자폐아에게 촉각 형성에 도움을 주는 예술 매체는 많다.

자아의 특성을 반영하는 별자리는 양자리이다. 두 마리의 양이 뿔을 부딪치며 대립하다가 다시 물러서는 별자리의 표현은 자아 감각의 작용을 잘 표현하고 있다. 양자리의 상징과 속성을 살펴보자면, 두 개체의 만남에서 발생하는 인간의 심리적인 대립 관계를 그대로 드러낸다. 대화하면서 우리는 끊임없이 상대방을 의식하며 받아들이기도 하고 다시 밀어내기도 하는 과정을 반복한다. 쉽게 남의 말에 현혹되어 타인의 자아에 완전히 몰입하다가 자신을 지배하는 상대방을 밀어내고 자아가 주체가 되었다가 다시 상대방을 새롭게 받아들일 수 있는 내면의 공간을 형성하기도 한다. 하지만 자아를 망각할 정도로 상대방의 말에 열광하는 것은 건강하지 않다. 반대로 자신 생각을 상대방에게 지나치게 강요하는 것도 그릇된 태도이다. 자신의 자아가 존중받기를 원하는 마음과 상대방의 자아도 존중하는 것이 정당하기 때문이다.

인간의 사고는 계속 변할 수 있고 이는 건강함을 의미하기도 한다. 오로지 지키기 위한 약속처럼 한번 결정한 사안에 대해 재고하지 않는 것이 아니라 끊임없는 대화를 통하여 의견을 조정하고 그렇게 인간의 자아 감각은 건강하게 발달할 수 있다는 것을 잊지 말자.

만약 우리가 그림을 감상한다면, 영혼 감각인 눈으로만 보지 않고 청각이라는 정신 감각과 함께 듣고 판단하며 끊임없이 '이 그림이 나에게 전하는 메시지는 무엇일까?', '이 작품에는 화가의 어떤 사상과 의도가 있을까?', '화가는 어떤 삶을 살았고 어떤 자아 의식의 소유자일까?'와 같은 질문을 던져 보자. 이러한 질문에 대한 답을 찾기 위해 우리는 사유하는 정신 감각을 함께 사용하는 것이다.

Waldorfpädagogik

III. 왜 유네스코는 21세기 교육으로 발도르프 교육을 선정하였나?

발도르프 교육은 1919년 창립 이후로 다른 모든 사립 학교와 비교하여 일반 공립 학교 모델로부터 가장 차이가 나며, 가장 많은 관심의 대상이 되는 교육이며 발도르프 학교가 세계적으로 급속하게 증가하는 데에는 그럴 만한 이유가 있다. 성장기 아이들의 감각을 균형 있게 성장시키며 개별 학생을 고려한 창의 교육과 전인 교육이 가능한 것이 발도르프 예술 교육의 핵심이라 할 수 있을 것이다.

발도르프 학교의 교육 목적과 사회적 목표

　　인간에 대한 지식에서 출발하는 인지학적 교육론을 통해 인간과 교육에 대한 이해를 새롭게 한다. 예술로서 교육을 파악하는 교육 예술론은 교육에서 통합성을 회복하여 온전한 인간을 교육하는 전인 교육을 추구하고 물질 만능의 풍조가 만연한 현대에 정신성을 회복할 가능성을 시사한다. 부모님과 선생님 그리고 친구들과 다양한 관계를 통하여 도덕성과 사회성을 향상하고 자연물을 통한 상상력을 중시하여 자연과 일체감을 느끼게 해 주며 무엇보다 발달 적기 교육을 통해 책임감과 결단력 있는 건강한 자아를 형성하게 한다. 또한, 인간의 리듬을 이해하여 반복적인 내적 성장과 신체적 성장을 동시에 발달시키고자 한다.

유네스코 선정 '21세기 교육' 미래 예술교육 지향

정신과 감성, 신체의 조화로운 토대 위에 성장하는 교육 추구

'표준화 교육'에서 4차 산업 시대의 '창의적 교육'으로 전환

예술적 감성과 소양을 경쟁력으로 갖추기 위한 예술 교육 중시

자유를 향한 교육

"오늘날 가장 중요한 것은 학교는 온전히 자유로운 정신의 삶에 근거해야 한다는 것이다. 기존의 교육은 사회 질서를 위하여 인간은 무엇을 알고 무엇을 할 수 있어야 하는가를 묻지 말고 그 인간에게 어떤 소질이 있으며 무엇이 그 속에서 계발, 발전될 수 있을 것인가를 물어야 한다." 슈타

이너는 교육의 기본 원리로서 '자유' 즉, 정신의 자유를 추구하는 의미에서의 내적 자유를 말한다. '자유'의 문제는 개별적인 인간의 내적 활동과 깊이 관련되어 있다. 발도르프 교육에서 도달하고자 하는 내적 자유는 책임을 포함한다. 자유를 추구하는 교육은 개인의 능력을 충분히 그리고 풍부하게 고양시키고 개발할 수 있는 교육을 말한다. 발도르프 학교는 교육을 예술로 이해하고 예술가를 길러내기 위한 것이 아니라, 교육을 통해 인간이 삶의 여정 속에서 끊임없는 자기 창조의 과정을 밟아갈 수 있는 창의적이고 자유로운 인간이 되도록 교육하기 위함이다. 자유는 적극적 자유와 소극적 자유로 구분된다. 소극적 자유는 '~로부터의 자유' 즉 간섭이나 규제가 없는 상태를 말하고, 적극적 자유는 '~을 할 수 있는 자유'로서 자율적으로 행동할 수 있는 능력이나 상태에 초점을 맞추는 것이다. 이런 구분에서 본다면 발도르프 교육이 추구하는 내적 자유는 적극적인 자유에 해당한다.

그런데 발도르프 교육의 목적인 정신적 자유를 위해서 학생들이 먼저 교사의 권위를 받아들일 것을 강조한다. 존중받는 교사의 권위는 학생들이 자유로 나아가기 위한 과정의 필수적인 전 단계이다. 발도르프 학교에서 8년 담임제를 행하는 것은 고학년이 되기 전 아동들에게 담임 교사의 권위를 통한 교육이 필요하다고 생각하기 때문이다. 1학년부터 8학년까지 한 명의 담임 교사가 아이들을 가르침으로써 지속적인 교사와 학생 관계를 통해 자연스럽게 교사의 권위가 형성된다.

통합성을 추구하는 교육

발도르프 교육은 현재 이루어지고 있는 주류의 교육이 온통 머리(지식)만을 교육하고 그 이외의 지혜로움 또는 사유 하는 능력 등을 방치하는 반쪽짜리 교육이라고 생각한다. 발도르프 학교의 교육은 통합성을 추구한다. 즉 전인 교육을 통한 조화롭고 통합적이고 창의적이며 책임감 있는 인간을 발달시키고자 한다. 이러한 목적은 교육 목적에 국한하지 않고 삶 자체를 목적으로 간주한다.

발도르프 학교 교육의 목적은 첫째, 의지와 사고 그리고 감정이 골고루 발달한 인간으로 교육한다. 둘째, 아동의 발달 단계에 따라 변화하는 요구에 맞추어 자기 교육의 길을 걷게 하는 것이다. 셋째, 교육과정에 예술 활동과 학문 활동을 통합시켜 교육한다. 넷째, 예술로서의 가르침이 있다. 다섯째, 교사가 가르치는 일과 학교 경영에 모두 참여하는 것이다. 마지막으로 학급과 학교를 공동체로 만드는 것이다.

발도르프 교육에서는 인간 본성에 대한 인식이 교육적 출발이 되는데 인간 본성에 대한 인식 자체가 통합적이다. 슈타이너에 따르면 인간은 신체, 영혼, 정신이라는 세 가지 영역에 걸쳐서 사는 존재로 여러 가지 방법으로 관계를 맺는다. 발도르프 교육은 신체와 정신을 매개하는 영혼의 교육에 중점을 둔다. 즉 영혼의 주요 영역이자 활동인 의지는 감정과 사고의 조화로운 발달을 중시한다. 따라서 머리와 가슴과 손은 어린아이의 발달을 위해서 똑같은 가치를 갖는다. 그렇기에 발도르프 학교에서는 인지적이고 도덕적이며 실용적인 재능의 발달을 똑같이 중요하게 여기고 장려

하며 촉진한다.

영성 회복의 교육

슈타이너의 교육 철학은 인간을 전체 우주와 하나로 인식한다. '우주와 내가 하나다'라는 철학적 인식은 통합성을 추구하는 교육에서 아주 중요하다. 이런 점에서 보면, 발도르프 교육이 추구하는 통합성에는 전인 교육을 논하면서 지·덕·체의 조화로운 발달에 한 차원을 더 포함하고 있는 것 같다. 이것이 바로 슈타이너가 정신이라는 말로 개념화한 영역이다. 이러한 교육을 통해 인간의 초월적 영성을 회복하려고 한다.

영성이란 인간이 초월적인 차원과의 관련으로 교류와 교감하는 것을 말한다. 우리는 살아가면서 사람이 어떠한 '높은 것'에 닿아 있다고 느끼는 순간들이 있는데 태양이 떠오르거나 지는 것을 바라볼 때, 아기의 탄생 그리고 성당 앞에서 어떤 인생의 지혜로 가득한 사람과의 만남에서 이러한 것을 느낀다. 이러한 것은 기쁨과 환희, 경이로움, 놀라움, 경외감, 혹은 존경스러움에 대한 느낌이다. 이러한 것들은 인간을 초월적인 존재로 접근할 수 있게 한다. 바로 이것이 영성에 대한 설명이다. 이러한 것들은 살아가는 동안에 우리에게 많은 변화를 준다.

발도르프 교육에서는 어린 시절부터 놀라움이나 경외감 등을 발달시키고 보존하려고 하는데 특히, 자신의 탄생은 특별하다고 느끼고 배우며 자신 안의 잠재성을 일깨움으로써 정신적으로 점차 고양되는 교육을 강조한다.

인간의 4가지 기질론과 아동 발달에 따른 교육 구성

인간의 신체는 머리와 팔과 다리로 나뉘며 머리는 사고 과정을 담당하고 팔과 다리는 인간의 의지를 행동으로 연결한다. 머리는 우주의 힘이 두드러진 부분이고 팔다리는 땅의 힘이 두드러진 부분이다. 이러한 머리(우주)와 팔다리(땅)가 인간의 4가지 구성체(신체, 생명체, 감성체, 자아)와 작용하는 방식은 다양하다.

혼합 방식에 따라 4가지의 구성체 중 두드러진 것이 다르게 나타나고 그것이 바로 인간의 기질을 결정한다. 자아가 지배적이면 담즙질, 감성체가 지배적이면 다혈질, 생명체가 지배적이면 점액질, 물질체가 지배적이면 우울질로 결정된다.

자아가 지배적인 담즙질의 아이는 신체상에서 피의 활동이 가장 활동적이다. 공격성과 강한 의지적 특성은 모두 피 순환과 관련이 있다. 감성체는 신체적으로 신경 체계로 나타나기 때문에, 감성체가 지배적인 다혈질은 신경 계통 기능이 발달해 있고 자기가 가지고 있는 관념에 대한 이미지, 동요하는 감각 작용, 감정의 변화 속에서 살려는 성향이 강하다. 생명체는 신체의 선(腺) 체계로 나타나며 내적 안정감을 유지하려는 것과 관련이 있다. 우울질의 경우는 물질체가 가장 우세하고 수단에 해당하는 물질체를 완벽하게 조종하지 못할 때 일종의 억압을 경험하게 되며 내적 존재는 물질체를 지배할 힘이 없기에 내적 장애를 느껴 슬픔과 고통이 동반되어 세상을 비판적으로 바라보게 된다.

다혈질인(sanguine temperament)：
급한 성격을 가지고 있고 충동적이며 천진난만함과 낙천적이며 자유롭고 호기심이 왕성하지만 침착성과 지속력이 부족하다.

담즙질인(Choleric temperament)：
매우 능동적인 리듬 체계를 가졌으며 기분이 뜨겁고 격하며 현실적인 행동과 확고한 목표 의지를 가지고 지구력과 지도력이 있지만 배려심이 부족하고 타인에게 정의감을 강요할 수 있으며 복수심과 공격성이 있다.

우울질인(melancholic temperament)：
기분이 내면에 있고 감상적, 자아 중심적이며 충성심과 성실함이 있고 풍부한 감정이 있지만 한 번 깊이 빠져들면 사소한 일에 신경 쓰며 여유가 없고 주위까지 어둡게 한다.

점액질인(phlegmatic temperament)：
기분의 움직임이 적고 화를 잘 내지 않으며 침착하고 평화롭다. 외부와 조화로우나 무관심하고 자신만의 생각에 쉽게 빠져 유머나 여유보다 냉소적이고 방관적 자세를 가진다. 까다롭고 힘든 일을 싫어한다.

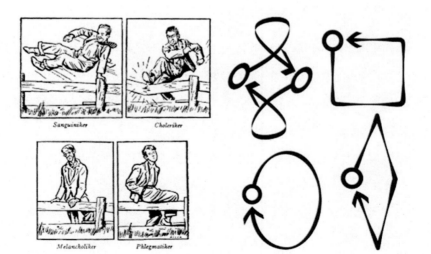

Sanguiniker

Choleriker

Melancholiker

Phlegmatiker

아동의 발달 단계는 '7'의 법칙을 이해하면 쉽다.

유아기(0~7세): 모방과 본보기

이 단계에서 가장 활발하게 발달을 보이는 것은 신체 즉, 몸의 발달에 집중한다. 여기에 하나의 방향성이 존재하는데, 아이들은 머리부터 발달하는데 머리가 크고 무겁다. 자라면서 머리에서 가슴으로 마지막에 사지로 발달한다. 아이들은 세상을 만지고 맛보고 냄새 맡고 보면서 신경-감각 체계를 발달시킨다. 또한 이 시기에는 의식이 아직 완전히 깨어나지 않았기 때문에 주어진 환경 속에서 무의식적으로 모방하는 것 이외에 할 수 있는 것이 없다. 따라서 이 시기 교육의 원리는 모방과 본보기가 된다. 그래서 이 시기의 교육의 과제는 아이들이 모방할 만한 물리적·심리적·도덕적 환경을 제공하는 일이다. 아침 시 암송하기, 식사 전 감사 기도 하기, 촛불을 켜고 의식을 치르듯이 행하기 등이 바로 이러한 점을 고려한 정서적인 풍토나 상호 관계에 영향을 주는 요인이다.

이 시기에 아동이 배우는 세 가지 능력은 걷기, 말하기, 생각하기이다. 걷기를 배우는 것은 공간 속에서 올바른 균형을 지니는 인간이 되어 가는 것을 뜻한다. 말하기는 아이들이 공간에 적응해 가는 과정인 걷기로부터 발달한다. 말하기나 걷기나 쥐기 등의 움직임에서부터 나온 것이라면, 생각하는 것은 말하기에서부터 발달한다. 아동이 걷기를 배울 때 교사가 사랑스러운 마음으로 조력자로 있었던 것처럼, 말하기를 배울 때 역시 진실하게 옆에 있어 주어야 하고, 또 아동은 커다란 하나의 감각 기관으로서 교사의 모든 것을 모방하기 때문에 아동이 분명하게 생각할 수 있기를 바란다면 교사가 먼저 분명하고 올바른 생각을 할 수 있어야 한다. 이 시기에 쓰기에 집착하는 것은 곧 발달을 저해하고 신체 리듬이 깨져 후에 정서적인 부분과 사고 지능 발달에도 문제가 발생한다는 것을 꼭 명심해야 한다.

아동기(7세~14세): 감정과 상상력

이 시기의 발달은 감성적인 것이 특성이다. 이 단계가 되면서 성장과 발달의 힘은 머리에서 아래쪽으로 내려오고, 반면 신체(의지)의 힘은 손과 발 그리고 신진대사 체계로부터 위쪽으로 향해 흐른다. 위에서 아래로 흐르는 힘과 아래에서 위로 흐르는 이 두 힘은 리듬 체계인 가슴 부분(영혼적인 영역)에서 만나게 되기에 이 시기에 본격적인 학습이 가능하다. 그렇다고 앉아서 공부만 하는 것은 좋지 않다. 사고력은 독립한 영역의 작용이기에 금세 지친다. 하지만 이 시기에 하는 쓰기 학습은 효과가 좋다. 즉, 사고의 힘과 의지의 힘이 감정 영역에서 만나 상호 간의 적응 단계를 거친다. 이것은 교육적으로 중요한 의미를 갖는다. 사고하는 힘과 의지의 힘 사이에 올바른 관계가 형성되면서 비로소 행동은 머리가 아닌 가슴으로 받아들이는 교육 즉, 감정과 관련된 교육으로 받아들인다. 상상력의 단계라고도 할 수 있는 이 시기에는 읽고 쓰고 셈하기를 즐겁게 배우면서 알고 있는 모든 것을 이미지 형상으로 인식하기 때문이다. 이때 도덕적인 행위를 할 수 있게 되고 아동들은 그렇게 도덕적 행위자이며 건강한 성인으로 성장할 수 있기 때문이다.

소년기(14세~21세): 감각(지각)과 사고력

감성체의 발달을 기점으로 이 시기부터는 본격적인 사고력이 활발하게 활동하기 시작한다. 따라서 이 시기의 주된 본질은 정신적인 것으로 추상적이고 개념적인 사고력이 발달하게 된다. 7세에서 14세 사이에는 자기 자신의 자유를 발달시킨다. 이 시기의 교육은 지성과 독자적인 판단력을 자극할 수 있는 방향에서 이루어져야 한다. 13~14세경 아동은 차차 회화적 감각 영역을 떠나 감각을 통한 지각과 자신의 사고력을 결합, 주장하고자 한다. 따라서 이 시기에서는 학문적인 교과나 예술적인 교과 이외에 기하학 같은 수공예 활동을 중시하게 된다. 바구니 짜기, 목공예, 금속공예 같은 수공예 활동은 감각을 통한 지각과 사고력이 동시에 요구되는 활동이기 때문에 좋아한다.

인간 구성과 미술 매체의 관계성

슈타이너는 교육을 예술로 파악하고 '교육 예술(Erziehungskunst)'이라고도 하는데 다음과 같은 3가지 인간 구성과 미술 매체의 활용 이해를 통해 실제로 치료 효과성과 삶의 만족도를 향상시킬 수 있다. 예를 들어 살면서 어떤 일이나 문제가 발생했다고 가정하자. 그 문제에 대해 저 사람은 무슨 의도로 저런 행동을 할까? 라고 사고적으로 생각하는지 아니면 감정적 기준이 먼저 생기는지 또는 일단 행동부터 나가는지를 파악될 것이다. 각 영역별에 도움을 주는 세부적 미술 매체는 깨어진 리듬에 밸런스를 가지게 하여 부족한 영역에 도움을 주는 매체를 활용함으로써 조화를 가지게 한다. 세부적 매체에 대해서는 뒷부분에서 다시 자세히 설명되어 있다.

인간 구성 요소와 치료적, 교육적인 미술 매체

> ### *Tip & Talk*
>
> Denken(생각하다–사고)–소묘(선): 사고–신경 / 감각 계통–의식(사실, 진리) ▶ 자유로운 지성
> Fühlen(느끼다–감정)–회화(물감): 감정–순환기 계통–꿈(미, 아름다움) ▶ 정화된 감정
> Wollen(의지를 행하다–행동)–조소(조형): 의지–신진대사–수면(좋다, 선함) ▶ 자제력

(1) 사고 영역–선

선을 이용한 소묘 활동은 인간의 사고를 의식화하여 외적인 표현을 돕는다. 규칙적으로 매일 함으로써 효과성이 입증되고 다른 기법과 함께 이루어질 때 치료적 효과가 높아지며 개인에 맞는 특정한 소묘를 선택하게 한다. 기법에는 6가지로 설명할 수 있는데 기하 소묘와 자연 소묘는 집중력이 떨어지거나 잠을 깨우는 효과가 있고 형태 소묘와 역동 소묘는 언어와 쓰기 장애, 독서 장애 그리고 스트레스 장애에 도움을 준다. 마지막으로 음영 소묘와 목탄 소묘는 우울증과 경련성 불안 장애에 효과적이다.

(2) 감정 영역–물감

색으로 표현하는 그리기 속에는 명상과 고요함을 느끼며 색의 분위기,

색의 언어, 색의 움직임으로 자유로운 감정과 정화된 감정을 느낀다. 또 투명하게 수채화를 표현할 때 있어서 들숨, 날숨의 호흡법과 반복적인 리듬감은 현대인들의 내적 외적인 감정의 부조화와 호흡 문제에 치료적 효과가 있다. 대표적 기법의 종류에는 습식 작업과 건식 작업이 있는데 습식 작업의 효과는 즐거움과 생기, 이완과 해방된 감정 그리고 심장 박동과 혈액 순환의 안정 등을 느낄 수 있다. 건식 작업 기법의 효과 기다림과 끈기 그리고 감정 인지와 통제 능력을 향상시킨다. 그 밖에 활동으로는 성인의 편두통과 스트레스 완화를 위한 색연필 작업, 섬세한 감정 표현과 부드러운 촉각 형성에 좋은 파스텔로 그리기, 저학년의 단순한 감정 표현과 신체 에너지 향상에 좋은 크레파스, 밀랍 등이 있다. 색의 분위기들은 내면 안에서 재생되고 감성적인 것에서 출발하여 육체적인 과정에 영향을 미친다. 그림을 그리는 과정에서 더 강하게 색들은 내면화되고 의식화된다.

(3) 신체 영역–조형, 조소

신체 에너지를 도와주는 조소 매체 중 흙은 처음 접할 때 친근감이 없고 거부적이나 반죽하듯이 주무르기를 하는 동안 자신의 감정과 체온을 느끼게 되어 몰입한다. 누르기, 찢어 내기, 붙이기, 빼기, 형태 만들기, 만든 것 없애기, 등을 통해 서서히 예술적 형태를 표현할 수 있는 매체로 변한다. 3차원적인 공간과 직접적인 관계가 되어 형태 감각에 큰 영향을 준다. 둥근 형태는 신체 이완을 가져 주고 모서리 형태는 의식화와 통찰력을 키운다. 치료적 효과에는 신진대사 회복, 의지가 강하게 요구되고 개발되며 운동 능력을 높인다. 다른 조형, 조소 매체 중 특히 흙 점토는 가장 강력한 치료

적 효과를 가지는 매체로 부정적 감정(슬픔, 분노, 성적 욕구)을 다루는 매체로
매우 좋다.

IV.　발도르프 학교에서는
무엇을 어떻게 가르치는가?

Tip & Talk

1. 교육 내용의 예술적 구성

2. 리듬과 흐름이 살아 있는 교육(시간, 말, 음악, 동작 등)

3. 8년 담임제: 영혼의 예술가

4. 주기 집중: 자율성, 유연성, 창의성

5. 오이리트미 수업: "좋은, 조화로운 리듬"−내적인 경험(삶의 경험 & 외적인 움직임
(신체의 움직임))의 통일

i. 교육 내용의 예술적 구성

프리드리히 쉴레는 "예술이란 어떤 목적도 결과도 없이 오직 행위에 대한 즐거움과 사랑만 존재하는 놀이다."라고 했다. 다시 말해, 예술은 곧 놀이다. 아이에게는 다양한 성질과 특징에 빠져들게 하고 어른을 위해서는 '아이처럼' 놀이의 본능을 찾아 주어야 한다. 아이처럼 노는 것이 유치하다는 뜻이 아니라 생동감과 유희적인 내적 리듬을 찾게 해 준다는 의미이다.

색이 가진 형성력은 회화로 아름다운 감성의 표현과 통제로 연결되며 선이 가진 형성력은 소묘로 자유로운 사고의 확장과 확립으로 연결된다.

예술은 기술과 내적 성장 모두 가진 영역이다. 그리고 예술은 백지상태에서 그림을 채우고 조금씩 공간을 하나하나 채워 나가듯 배워야 한다. 마치 일기를 쓰고 삶을 기록하듯 그렇게 자신을 재발견하게 되고 조화롭고 균형 잡힌 인간으로 성장하기 위해 통합되기도 한다.

세상에는 주변에 늘 예술의 존재가 있기에 사회 분위기는 긍정적 기운이 흐르는 것은 분명하다. 예술의 작업은 자신의 자아와 타인에 대한 인식을 깨우는 가장 본질적인 방법이기 때문이다. 폭력과 내적 권태에서 비롯되는 속임수는 예술을 접하지 않는 환경에서 비롯된 탓일 것이다.

저학년은 동화나 신화 또는 전설의 이야기를 예술로 다루며 교육으로 연계한다. 풍부한 원천과 관찰의 힘으로 역사나 과학 등의 사실적 학문에 도움을 주고 기본 과목으로는 수채화와 형태 그리기가 있다.

사춘기에는 안정감이 필요한 시기로 규칙과 규율적인 형태로 그리기 활동이나 객관적 사고 시작하는 시기로 지적 사고를 요구하는 원근법을 다루기도 한다. 불안정한 영혼에 질서를 주는 색채의 마법 또는 빛과 어둠을 주제로 활동하게 한다.

4학년부터는 대상의 객관(사고)화 즉, 자신만의 사고가 시작되는 중요한 의미를 가지는 시기로 분별력이 필수인 꼬임 리본 형태를 그린다. 손의 감각 사용은 사고력 향상을 가진다.

고학년은 기하학의 도입으로 도구 없이 형태를 그리게 한다. 형태 그리기와 기하학의 경험으로 아이들은 끊임없이 새로운 관점과 관계성으로 사물을 관찰하여 '어떻게 형성하고 서로 보완하는지'를 깨닫는다. 이 경험은 독립적인 사고 능력을 키워 주는 훈련 과정이다. 그리고 자연과 영혼의 분위기를 중요하게 여긴다. 여학생들은 조화로움과 아름다움에 대한 감각이 뛰어나고 보는 즉시 법칙을 간파하는 관찰력이 발달하게 되고 중간 학년의 기본 과목으로는 선 그리기에서 평면적인 흑백 소묘 연습과 빛과 그림자의 대비를 나타내어 객관화 시작을 알린다. 손으로 직접 플라톤 입체나 정다면체 같은 공간을 배우는 본격적인 기하학 도입은 7학년부터이며 지구 탐험의 역사를 공부한다. 고학년의 기본 과목으로 빛과 그림자의 효과 등장, 다양한 질감의 소묘 재료나 명암이 주는 인상의 변화 그리고 작품의 정성과 예술적 표현이 성장한다. 점토와 비슷한 질감의 회화를 표현하게 하고 자신의 철학적인 표현과 심리적인 인간상을 표현하기도 한다. 소묘 재료로는 먹과 콩테 등으로 선화나 목판의 명암 대비에서 작품의 중심이 더욱 선명한 질과 표현 요소로 이동한다.

Tip & Talk

교육 과정 정리

* 4학년– 인간과 동물

* 5학년– 식물학과 지리학

* 7학년– 기하학 도입

* 9학년– 조소 수업 '동물'

* 10학년– 지질학 / 해를 주제로 / 베일 페인팅을 도입

* 11학년/12학년/13학년– 회화 표현으로 식물학과 동물학 / 나무 or 식물이나 자연과 풍경을 주제로/ 인간학(초상화)으로 모든 것을 하나로 연결

직선, 곡선→사선, 장사선, 응용형→그리스 신화, 전설, 동화→장신구(모방이 아닌 인위적이 아닌)→역동성과 움직임의 요소(꽃과 꽃봉오리 모티브 등)→꼬임의 형태(켈트 문화, 롬바드 문화)→응용형태(곡선을 직선으로, 직선을 곡선으로, 오각 형태를 삼각이나 사각으로 등등)

"불완전한 것을 완전하도록 만드는 것" 되풀이 과정을 통해!

연령별 주요 특징	
7세(1학년)	습관, 리듬, 기억력이 발달하고 예술에 대한 감각이 생성된다.
8세(2학년)	학급에서 '사회적 존재'로 세심하게 육성되어야 한다.
9세(3학년)	아이는 놀이에서 일로 전이가 시작되고 성장이 촉진된다.
10세(4학년)	아이는 더욱 내면을 향하고 사고적 독립이 시작된다.
11세(5학년)	자기 자신에 대한 자각이 강해진다.
12세(6학년)	사춘기의 시작과 그것에 대한 동반하는 여러 도전이 일어난다.
13세(7학년)	감정의 생동감과 변화가 충만하다.
14세(8학년)	청소년기의 시작, 인지적 힘이 깨어난다.
15세(9학년)	세상이 자신의 것으로 행동하며 나중에 생각하는 경향이 있다.
16세(10학년)	'무엇'보다도 '어떻게'가 중요해진다. '생각의 삶'을 사고한다.
17세(11학년)	'왜'가 가장 중요해지며 인식의 성숙함을 보인다.
18세(12학년)	'누구'가 중요해지며 운명 · 심판 · 판단의 질문에 관심을 갖는다. 삶의 새로운 가능성을 열기 위한 준비의 시기이다.

놀이 레시피(선) – 사고 연결

1. **정밀(자연) 소묘:** 주변 환경과 자신을 연결하고 세상에 대한 관심과 사물을 보는 관점과 눈이 달라짐

2. **기하 소묘:** 논리적 사고와 치우치지 않는 감정 강화 - 1, 2번 치료 적용: 몽상에 잠긴 사람 또는 집중력 향상, 잠을 깨우는 효과

3. **역동 소묘:** 보이지 않는 움직임, 형태의 생성과 소멸의 경험, 내면의 움직임을 "끄집어낼 수 있다"

4. **형태 소묘:** 장식의 반복과 율동 그리고 대칭 묘사, 유희적이면서 정돈된 자극과 라포를 형성 - 3, 4번 치료 적용: 언어(말더듬) 장애, 쓰기 장애, 읽기 장애, 스트레스, 신경 과민에 유익

5. **음영 소묘:** 자제심과 객관성을 갖게 하는 목적 ※정신 분열과 편두통 환자

6. **목탄 소묘:** 선과 악 사이의 도덕적 삶을 경험, 빛을 증명하기 위해 어둠의 필요성 인식, 어둠을 형성하고 장악할 수 있는 용기가 필요 (극적인 것 ▶입체적 ▶ 구체화) - 4, 5번 치료 적용: 우울증, 경련성과 같은 불안정한 기분 장애에 안정감을 줌

▲왼쪽 그림부터 순서대로

→ 좌뇌 우뇌 불균형 / ADHD 행동 장애 치료 전

→ 행동 장애 치료 후

▲ 예시) 장애 아동 발달 교육(포르멘 활동−대칭 그리기):
사례별 놀이 예술을 통해 집중력과 인지력 향상을 도와 행동 장애 치료 호전

놀이 레시피(회화)—감정 연결

1. **습식 작업**(젖은 종이)**:** 환자의 배설 활동(즐거움, 생기, 이완과 해방)
2. **건식 작업**(마른 종이)**:** 환자의 감정 통제와 인내력(심장 박동, 혈액 순환 안정, 의
   식화, 섬세한 감정)
3. **색연필**(윤곽 없이)**:** 선 < 면 < 색으로 연결(내적 생활과 심상의 조화)
4. **파스텔:** 물감으로 안정을 찾지 못하는 사람, 섬세한 색의 경험
5. **크레파스:** 의지와 활동력을 자극

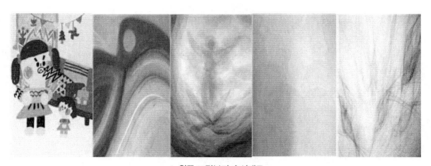

▲ 왼쪽 그림부터 순서대로

색의 분위기와 색의 언어, 색의 움직임은 자유로운 감정과 정화된 감정을 느끼게 한다. 색의 가지는 분위기, 언어, 움직임은 환자에게 재생되고 감정적인 것과 육체적인 과정에도 영향을 준다. 그림을 그리는 과정에서 색은 우리의 감정을 풀어 주고 더 강하게 의식화되며 형태는 구체화(사고)시킨다.

놀이 레시피(조소/조형)—신체 연결

　공간과 직접적인 관계를 형성하는 조소, 조형은 촉각 형성에 좋고 신체 에너지를 해소하고 통제하는 역할을 한다. 또한, 가소성이 매우 좋고 유동적인 점토는 주무르고 누르고 찢고 붙이고 비비는 등의 활동을 통해 부정적 감정 표출과 본능에 해당하는 슬픔과 성욕, 분노의 촉진제 역할과 매개체 역할을 한다. 둥근 형태는 신체적 이완을 모서리 형태는 의식화와 통찰력을 도와준다. 하지만 부조 형식은 조소와 소묘의 중간 영역이다.

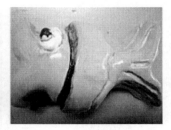

▲ 예시) 사례별 놀이 예술(분노 해소/신체 이완)

　이렇게 정신과 감성, 신체의 조화로운 발달을 돕는 복합 예술 교육 프로그램은 미술 치료 프로그램 안에서도 적용되는데 자신의 부조화된 부분에 해당되는 반대되는 매체의 기법을 찾아 활용함으로써 도움을 받을 수 있다.

감성(색조/물감)

습식 수채화, 건식 수채화 등

신체(조소/조형)

오이리트미, 자연 재료

(나무, 찰흙, 나뭇잎 등)
활용한 랜드 아트 등

정신(선)

형태 그리기 등

ii. 리듬과 흐름이 살아 있는 교육:
시간, 말, 음악, 동작 등

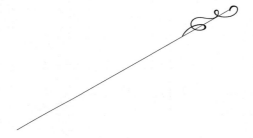

시간은 모든 것을 변하게 한다. 모든 것에는 리듬과 흐름이 있다. 일몰과 일출은 밤과 낮이 바뀌는 순간에서 생기는 것처럼 사계절의 다른 온도와 고유의 색, 사람마다 다른 신체와 걸음걸이, 언어의 속도, 음색 등 흐름은 유기체적 작동 원리이자 특성이다. 흐름이 멈출 때 부패하거나 탈유기화해서 존재는 멈추게 된다. 존재는 시간과 공간 속에 있음을 말한다. 존재는 고정불변이 아니라 흐름이자 형성적이며 다른 것과 접속하며 끊임없이 새로운 정체성으로 규정되어 가는 것이다. 존재는 무수한 변화를 내재하고 시간의 흐름과 리듬에 따라 나타나고 사라진다. 흐르는 시간의 정지된 한순간을 포착하여 시간에 대한 은유를 생성한다. 이 순간을 마주하면 대부분의 사람들은 경이로움 혹은 절대적인 무엇인가에 대한 숭고함이나 과거, 가족, 두고 온 것들이나 잊고 있었던 것들을 떠올려 느끼게 한다.

"고인 물은 썩는다."라는 말에도 있듯이 육체적인 것뿐만 아니라 정신적으로도 원활한 흐름이 지속되어야 건강하다. 기는 만물 또는 우주를 구성하는 기본 요소로 물질의 근원 및 본질로 이해된다. 사람도 따지고 보면 우주를 구성하고 있는 하나의 구성 요소이다. 따라서 우주에 가득 찬 신선하고 좋은 기를 우리 몸 안에 받아들이고 대신 몸 안에 축적된 나쁘고 탁한 기를 밖으로 내보내는 것은 건강에 도움이 된다.

우리가 살아 있으려면 규칙적이고 리듬 있게 호흡을 하고 심장이 원활히 뛰어 피를 온몸에 잘 보내려면 리듬 있게 박동하고 살아 움직이는 모든 것은 그 나름대로 생명 리듬과 파동이 있다고 본다. 따라서 이러한 리듬과 파동이 있는 삶을 사는 것이 건강한 삶의 중심이라고 말할 수 있다.

'흐름과 리듬 및 파동의 원리'는 인간관계에도 적용될 수 있다. 어떤 사람이 직장의 부하나 친구 또는 집안 식구들에게 일방적으로 자기 말만 하고 상대방의 말을 청취하지 않으려고 한다면 이는 대화의 흐름이 원활하지 않다는 것을 의미한다. 이렇듯 우주의 모든 것에는 리듬과 흐름이 있다. 봄의 땅에서 나는 새싹 소리 안에도 리듬이 있다. 새소리, 엄마의 목소리와 아빠의 목소리, 발소리 등에도 리듬과 흐름이 있다.

육체적인 면 외에도 정신적인 면에도 예를 들어, 스트레스의 흐름이나 기의 흐름 그리고 생체의 리듬 등도 원활해야 건강한 삶을 살 수 있다. 발도르프 학교에서는 이렇게 살아 있는 리듬과 흐름을 교육 방법론으로 이해·적용시킨다.

iii. 8년 담임제:
영혼의 예술가

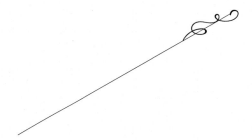

아이의 영혼을 다루는 발도르프 선생님은 지식의 습득이 아닌 한 명 한 명의 아이들이 삶을 지혜롭고 책임 있는 삶을 살아갈 수 있도록 통합해서 가르친다. 아이들이 성장하는 만큼 교사도 성장할 수 있으며 가르침의 맥이 끊이지 않도록 아이들과 함께 늘 새로운 경험을 한다.

하지만 아이들을 졸업시킨 후 다시 어린 학년을 맡으면서 그 아이들 수준으로 돌아가야 하는데 그것이 처음에는 힘들 수도 있다. 이때에는 아이들의 유머 방식도 달라지므로 그에 맞춰 준비해야 한다. 품위와 권위를 가진 교사와 안 맞는 학생이 드물지만 있는 경우 전학을 가거나 다른 반으로 이동함으로써 환경을 바꿀 수 있는데 이런 극단적인 처방이라도 교사와 학생은 나름 배우는 게 있다.

iv. 4~6주 주기 집중:
자율성, 유연성, 창의성

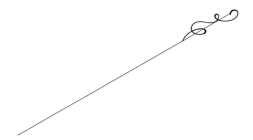

　아동들은 자신의 리듬에 매우 종속적이라 할 수 있다. 아동들의 리듬은 깨어 있음과 잠자기, 수용과 망각, 의식과 의식의 대립성 관계 속에서 생겨나므로 주기 집중 수업은 리듬에 관한 수업이라 할 수 있겠다. 하나의 주기로 하여 매일 아침 2시간 동안 같은 교과를 가르치는 수업 방식이다. 한번 가르쳤던 과목의 주기가 돌아오면 다시 그 교과목의 주기 집중 수업이 진행되는데 교사와 함께 학생들이 스스로 자신의 관심을 집중시킬 수 있는 수업의 경계성과 집중성에 기여하는 하나의 도구라고 할 수 있다. 교사는 정해진 주기 동안 같은 주제에 대해 집중할 수 있으며 배우는 학생에게도 다른 과목으로부터 방해받지 않고 집중할 수 있다. 주기와 주기 사이에서의 망각을 걱정할 수도 있지만 발도르프 교육에서는 이 망각의 중요성도 강조한다.

　잊어버린다는 것은 배운 것을 새로운 차원으로 다시 통합할 수 있고 나중에 그 내용을 다시 검토할 수 있음을 의미하며 다른 말로 무의식 안에서 소화되어 발전하도록 그냥 두도록 강조한다. 교육적으로 중요한 것은 알도록 하고 잊어버리는 것은 기억해 내게 하는 것이다. 빈 공책에 선생님이 적어 준 내용을 빼곡히 필기하는 것이 학습이 아니라 오히려 낙서처럼 자신이 직접 적은 여러 내용이 쓰어 있는 배경지식을 새로운 정보와 관련 지으며 정리하며 채워 나가는 것이 학습이다. 깊은 이해와 기억을 위해서는 우리가 가지고 있는 지식(사전 배경 지식)과의 연결이 필수적이다.

발도르프 수업에 있어서 중요한 것은 아침에 잠이 덜 깬 상태에서 감각 열기(감각 깨우기) 수업으로 시작하고 오후 수업에서는 신체를 활용한 수공예 수업으로 진행하며 배운 것을 소화 역할은 바로 밤에 이루어지므로 밤의 중요성을 강조한다. 이것을 통해서 온전하게 소화할 수 있는 능력으로 전환된다는 뜻이다.

실제 주기 집중 수업을 할 때 기억력을 형성시키는 3가지 규칙을 살펴보면, 첫째, 개념은 우리의 기억력을 저해함으로 정의 "이것은 …이다"(죽은 개념은 우리를 어렵게 만든다)를 내리게 해서는 안 된다. 둘째, 예술적인 것은 기억력을 형성시킨다(예술은 우리를 쉽게 해 준다). 즉 회화적이고 예술적인 것은 기억력을 형성시키는 데 중요한 역할을 한다. 아이들에게 영혼이 살 수 있도록 교사는 예술적인 살아 있는 말들을 해 준다. 셋째, 의지력과 자발성이 기억력을 강화하고 쉽게 된 것은 의지를 강하게 해 주며 기억력을 잘 형성한다.

V. 오이리트미 수업:
좋은, 조화로운 리듬

오이리트미의 3가지 응용 분야

＊ 교육적 의미: 발도르프 유치원과 발도르프 학교의 교육적 연계

＊ 예술적 의미: 눈에 보이는 음악, 눈에 보이는 언어의 무대

＊ 치료적 의미: 마음과 몸의 일그러짐에서 생기는 장애 치료(호흡의 리듬과 수축, 팽창의 수반)

인간의 몸을 통해서 소리를 보여 주는 움직임의 예술인 이 수업의 핵심은 삶의 경험을 통한 내적인 경험과 신체를 통한 외적인 움직임의 통일에서 온다. 인간의 몸에 존재하고 있는 생명의 힘과 작용으로 사고와 감정 그리고 신체의 조화, 자아감, 사회성, 공간 지각, 자신감, 창조력 및 사고력, 협응력, 주의 집중 등의 발달을 촉진한다. 또한 건강한 자아가 확립되는 21세까지 오이리트미의 수업의 핵심은 첫째, 아동·청소년들의 발성 언어 발달과 의미적 언어 표현에 도움을 주고 둘째, 균형과 조화의 합일적 인간관을 형성하여 자기 이해와 타인 지각을 일깨워 사회적 감각을 발달시키

고 사회성을 함양하고자 하며 셋째, 통합성과 자발성 그리고 창의성을 중시하는 전인 교육을 위함이다. 9살은 독립적인 사고를 하는 시기와 최초로 외로움을 느낄 수 있는 존재로 내부에서 외부로 나아갈 수 있도록 이끌어 보자.

(1) 예술-교육-치료적 의미

9살 – 최초로 외로움을 느낄 수 있는 존재

1/2/3학년- 지능	고학년- 지성

숭배　　정중　　슬픔　　기쁨　　총명　　신심깊음

예술적 행위 자체가 창조성과 내적인 감성을 기초로 하고 정신적 존재로 고차원적인 인간의 모습과 리듬을 찾을 수 있도록 도와준다.

하루의 리듬, 일 년의 리듬, 기억과 망각의 리듬으로 이루어지며 내적 흡수되는 교과 과정의 들숨과 창의적 활동이라는 날숨의 리듬으로 그리고 긴장과 이완을 고려하여 이루어진다. 심신의 조화를 이루는 교육 방법으로 수업의 예술적 형성과 교육 예술의 실천을 제시한다. 즉, 예술이라는 자체를 목적으로 하는 것이 아니라 예술적 경험을 통하여 예술적 요소 즉 음악적으로 균형 잡힌 감정을 내면에 자라게 하고 훈련하는 것이고 자연과 생명의 리듬을 경험하게 하여 예술과 인간 리듬의 활동을 강조하는 의미이다. 인간의 예술 활동은 자신의 심장이나 호흡에도 리듬을 발견하고 외부 대상의 리듬을 발견할 수 있다. 외부 대상의 감정이나 리듬과의 관계를 알아내는 데에는 상대의 호흡을 관찰하는 것이 제일 좋다. 이러한 인간 내부의 가장 큰 리듬 요소가 있는 부분이 바로 의지 영역에 있다고 슈타이너는 말한다. 자아가 의지 영역에 깊이 자리 잡고 있을 때 비로소 오이리트미의 영역에 가까이 갈 수 있게 된다. 조각가들이 돌과 나무로 본을 뜨거나 화가들이 색상을 선택하듯이 오이리트미스트들은 모음과 자음 그리고 문법 또한 대화의 리듬과 음악의 음색, 간격, 음계, 음질, 조화, 리듬과 함께 작업을 하는 것이다.

구성 요소와 원리와 기능
*언어 오이리트미

모음-인간 존재의 영혼 즉, 내적 감정을 표현
[A, E, I, O, U]: 내적 자아의 경험 및 감정 표현의 기능 '자기 소리'

경이로움과 신비로운 감정   사랑과 신비로움의 세계를 만난 감정

예시)

예시)

자음- '자연' 그 자체의 활동이나 과정, 외적 사건을 표현
[K, L, M, R, T] : 외적 사물에 대한 이미지 재현 및 자기 이미지 관찰
우리를 불안하게 만드는 외적 요인에 대해 진정시키는 효과

예시)

예시)

IV. 발도르프 학교에서는 무엇을 어떻게 가르치는가?

다양한 교육적 활용의 예

＊ 자신의 세계 속에서만 사는 아동- 'A'
＊ 자기중심적이고 고집이 센 아동- 'O'
＊ 순진하고 착한 아동이지만 자의식이 없는 아동- 'I 나 E'

　　자신들의 언어와 음악이 가지는 고유한 특성은 시각화되고 공간에 존재
하는 '소리들'은 움직임을 통해서 노래하고 말한다. 슈타이너는 말을 할 때
폐에서 방출되고 입에 의해 형태가 주어진 공기가 공기 중으로 '동작들'을
만들어 내는 것이라고 한다. 그는 우리가 소리를 만들어 내는 방법에 대한
이해를 통하여 인간의 '내면적 존재'를 발견하는 것이 가능하다고 믿었다.
이러한 '공기의 동작들'을 찾아내고 그것들을 모든 사람이 볼 수 있는 움직
임들로 변형하는 것은 엄청나게 많은 연구와 언어와 음악에 대한 직관적
인 감각을 요구한다. 그리고 이러한 동작을 그것들이 유래한 형성하는 힘
이 그들 속에 살 수 있고 충분히 표현될 수 있는 방식으로 수년간(기본적 훈
련 과정이 4~5년 정도)의 노력을 요구하는 것이다. 오이리트미는 팔과 손이 자
연스럽게 표현하는 움직임에 기초를 두고 그 움직임은 전체 몸의 세밀한
이동에도 반영된다. 본질적으로 직립은 인간 성장의 전형이다. 그 상태에
서 지속적으로 영양분을 공급받고 환경과 상호 작용을 해 나간다. 때론 빠
름과 느림으로 높이와 깊이로 그리고 가벼움과 무거움으로 위치해 수직으
로 서 있다는 사실이다. 또한 인간 자신이 말하고 노래하는 독자적이면서

깊이 생각하는 존재적 사실과 아직 풀리지 않는 점들이 밀접하게 관계되어 있다. 오이리트미 공연을 보면, 육체는 고유의 소리와 함께 의상을 착용한 채 움직임을 행하는데 대화와 음조의 보이지 않는 움직임이 시각화되는 것으로 늘어뜨린 실크 가운이나 베일은 신체나 그 움직임을 강조하고자 함이 아니라 신체 주위에 흐르는 움직임을 경험하는 데 도움을 주고자 한다.

1921년부터는 장애를 가진 사람에게 치료를 목적으로 하는 '치료 오이리트미'가 첨가되었고 공연 예술과 교과 과정으로도 자리 잡아 적용되고 있다.

발도르프 학교에서는 전 교육 과정이 아동의 발달 단계를 토대로 하는데 오이리트미 교육 과정도 어린이의 학령기 발달에 따르며 경직되거나 극도의 긴장에서 오는 통증 그리고 회피적 성향을 극복하도록 돕는다. 인간의 몸에 존재하고 있는 생명의 힘과 작용하며 그 힘이 생생하고 유연하게 그리고 활력 있게 유지되도록 돕는다. 각각의 단계에서 어린이의 정신적 존재가 부모에게 물려받은 육체를 점차 잘 다스릴 수 있도록 하고 특정한 능력이 나타나도록 준비한다. 각각의 과목과 활동은 자신의 발달 단계에 맞춰 도전하고 성공적으로 만날 수 있게 돕는다.

루돌프 슈타이너는 '사람은 자신의 몸을 음악적 리듬 속으로 가져가려는 욕구와 음악적 관계의 욕구를 가지고 이 세상에 태어난다'라고 보았는데 이러한 내적 음악적 능력은 3~4세경에 가장 활동적이고 '외부적으로 생겨난 음악'을 통해서가 아니라 '몸 전체에 스며들어 있는' 아이 안에 원래 가지고 있는 '춤의 요소'를 이끌어 포함하게 하고 이는 기초적인 오이리트미를 통하여 발달시킬 것을 권하였다.

따라서 발도르프 유치원 혹은 유치원-전 시기에 단순화된 형태로 소개된다. 대개 B, P와 M을 위한 제스처들이 종종 사용되는데 그 이유는 그들이 부드러운 보호의 안식처의 느낌을 주기 때문이다. 여기에 약간의 박자를 가진 리드미컬한 발 구르기 또는 발맞추어 걷기 또는 몸으로 알파벳과 숫자를 표현하는 활동 등이 포함될 수 있다.

어린이들이 모방하고자 하는 천성적인 욕구를 따르던지 혹은 따르지 않던 그건 자유다. 어린이들의 상상 세계에서 만나는 것과 스스로 건강한 모방적인 능력을 통하여 자연스럽게 그것이 형성되게 한다. 어린이들은 좋아하는 어른의 활동을 관찰하고 모방하는 것을 즐기기에 그것을 수업에 활용한다. 또한 운율이 있는 시나 노래 또는 손가락 놀이 등을 포함하기도 한다. 어린아이들의 팔과 다리의 움직임을 살아 있게 하는 것뿐만 아니라 손과 손가락을 깨어나도록 하는데 여기서 장난기와 열의는 매우 중요한 요소이다.

어린아이들은 움직임 안에서 즐거워하며 그날의 경험과 계절과 날씨 등등을 춤 안에서 표현하고 싶어 하며 놀이 안에서 이야기나 노래와 시의 즐거움과 슬픔을 표현하기를 원한다. 그와 동시에 음악과 언어 안의 기초적인 리듬 요소들은 반복을 통해 슬며시 나타나기도 한다. 어린이 몸의 체험이 외부 세상과 하나가 되게 하며 호흡과 혈액순환의 리듬과 자연이 하나가 되게 한다. 두려워하지 말라. 열의에 찬 수업의 날숨에 이어 함께 모이는 들숨의 반복적인 시간 뒤에는 고요와 휴식의 시간으로 이어진다.

수업의 체험을 흡수하고 소화하는 기회를 주는 의미가 있다. 전체 수업과 각각의 부분에서 능동과 수동 그리고 빠름과 느림의 호흡 요소가 오이리트미와 함께하는 생명력의 박동에 대한 반영으로 나타난다. 이러한 패턴은 전 학년에 걸친 수업에서 적용된다.

오이리트미의 교육 과정 및 실제

3세에서 4세경: 약간의 리드미컬한 발 구르기 및 발 맞춰 걷기 등 내적인 음악 능력이 가장 활동적 시기로 "춤의 요소"를 포함하는 기초적인 오이리트미를 권유한다.

유치원경: 응용하거나 강화된 리드미컬한 발 구르기, 발 맞춰 걷기, 시, 노래, 손가락 놀이 등 단순한 형태 제스처로 열의와 장난기를 전달하고 어른의 활동을 모방하는 시기로 체험의 흡수와 소화의 기회를 가진다.

예시) 경험과 계절과 날씨 등을 춤 안에서 표현
      안내되는 놀이 안에서 이야기나 노래와 시의 즐거움과 슬픔을 표현
      음악과 언어 안의 기초적인 리듬적 요소들의 반복
      호흡과 혈액 순환의 리듬과 자연을 표현

1학년에서 3학년까지: 모방하려는 힘과 상상적 놀이 속으로 오이리트미를 짜 넣는 것으로 수업이 진행된다. 동화나 우화를 몸으로 표현, 기하학의 기초를 체험하는 시기로 아이들은 "fff" 소리를 내며 물고기가 되어 수영 or 공주를 구하기 위해 단단장격(짧게-짧게-길게)에 맞추어 말을 타거나 싸

움에서 패하여 장단격(길게-짧게, 길게-짧게)에 맞추어 슬픔을 표현하게 한다.

음악은 중요한 부분으로 기쁨을 의미하고 비트와 리듬뿐 아니라 화음과 멜로디 그리고 그 밖의 요소들도 체험하도록 한다. 2학년의 아이들은 기하학의 기초를 체험하는 것도 중요하다. 다양한 리듬과 멜로디에 맞추어 아이들은 오각형, 원, 또는 숫자 8을 걷고 뛴다. 아이들은 직선(신체 인지, 사고 경험)과 곡선(감정 경험)의 차이를 그저 생각하는 것보다 느끼는 것을 배운다. 사회적 감각 또한 다양한 연습을 통해 배우게 되는데 다섯 개의 끝을 가진 별의 형태를 걸을 때 한쪽 끝마다 한 아이가 서 있다가 다음 점으로 이동해 가는데 그 점에 서 있던 아이 역시 다음 점으로 이동해 간다. 이러한 연습은 아이들이 각자의 기질적 치우침을 절제하면서 다른 아이의 움직임에 주의를 기울일 수 있도록 하여 느린 아이들은 속도를 내야 하고 힘이 넘쳐 부산한 아이들은 약간 점잖아져야 하며 완벽 주의자들은 그렇지 않은 아이들에 대해 인내심을 가지게 한다. 그렇게 아이들은 성공적으로 조화를 이루며 큰 기쁨을 느끼게 된다.

4학년과 5학년: 종종 '시'로 시작하는 이 시기에는 9세 이후에 나타나는 변화를 말해 주고 있기에 규칙과 연습을 통하여 주 2회 오이리트미를 한다. 이 시기의 아이들은 말하기와 더 깨어 있는 관계를 개발하게 되도록 반영되어 있다. 규율과 규칙적인 수업은 건조하고 지겨울 수 있으나 그것이 공간 속의 형태(환경)로 표현되었을 때 사춘기의 불안정함 속에서 안정감을 느끼고 더 분명하고 살아 있게 된다.

혼자가 아닌 함께 호흡하면서 발을 구르고 조화로운 걸음걸이에 맞춰 움직일 때 용기와 꾸준함 그리고 안전함을 경험한다. 예를 들어, 고대 그리스의 '에너지' 춤을 배우고 그러한 마음의 질을 갖고 평화를 느끼게 된다. 다양한 박자와 리듬에 맞춰 걷기나 수 세기 또는 손뼉치기 등이 사용되는 점차적인 집중 훈련을 제공함으로써 불균형에서 오는 충동성은 사라지게 된다. 또한 음악적 양극 사이를 오가는 훈련은 신체의 변화가 오는 사춘기 시기의 불안한 감정을 활동적이고 유연하도록 돕기에 특히 중요하다.

* 오각형별 오이리트미 준비 동작: 두 다리는 땅에 흔들림 없이 디디고 두 팔은 세상을 다 안을 만큼 넓게 벌리고 머리는 하늘에 닿을 만큼 꼿꼿이 들어라!

6학년에서 8학년: 청소년기의 초반에는 호르몬의 변화와 급작스러운 성장 때문에 신체적 불균형과 '내가 어린이인가, 성인인가' 하는 정체성이 혼동스럽고 힘든 시기이다. 이 불균형과 불안함은 몸과 움직임에 대한 부끄러움과 수치심으로 나타나기도 한다. 구리봉을 활용하는 '건강을 위한 훈련'이 이 시기에 중요하다. 슈타이너는 이런 특별한 훈련을 성인과 청소년들이 그들의 몸을 훈련하고 잘못된 자세를 바로 하기 위한 활동으로 제안한다.

구리는 열을 전도하는 성질과 사지를 따뜻하고 살아나게 하도록 선택되어 음성과 음악의 다양한 리듬 안에서 파트너들과 구리봉을 모두가 일시에 던지고 받게 한다. 이 시기에는 더욱 복잡한 훈련에 숙달하는 도전을 즐기기도 할 것이다. 그리하여 손의 민첩성을 더욱 발달시키기도 하고 전신의 민첩함을 발달시킨다. 청소년기 전 시기에는 새로운 감정적 능력이 생겨나는데 드라마적인 작업을 통하여 새로운 에너지를 형성한다. 시나

비극적 발라드 그리고 영혼의 강한 무드를 만들어 내는 기타 소재들이 소개된다. 긴장과 이완, 희극과 비극적 드라마의 순간들 사이에 대조가 나타나기도 한다.

이러한 연극적 요소들을 제스처와 움직임에 가져오는 것을 배우는데 특히 발과 머리의 움직임에 주의를 기울이게 된다. 이 시기의 학생들은 공연을 통하여 무대장치와 조명도 담당하고, 무대에서의 역할 한 부분으로 어떻게 무대 위에서 자신의 몸을 움직이는지를 배운다. 또한 복잡한 기하학적 형태의 훈련도 계속된다.

고등학교: 문학과 예술사 그리고 음악 공부와 그 맥을 같이한다. 3가지 구성인 사고, 감정, 의지의 통합적 움직임으로 이성적이고 규칙적으로 훈련된 아폴로니안 무드와 감정적이며 즉흥적이며 자유로운 디오니시안 성격의 시를 통하여 다루어진다.

학문적 수업을 통한 공부한 내용은 움직임으로 표현해 봄으로써 학생들은 배운 것들에 대한 이해와 경험을 더 깊게 한다.

마지막 2년 동안 학생들은 매우 높은 철학적이고 예술적인 수준에서 작업하는데 죽은 자들의 영혼을 오이리트미로 표현하기도 한다.

[A I A I E A]

: 나의 자아는 여기에도 존재하고 저기에도 존재하며 내 안에도 존재한다.

여기에 자음이 첨가되면 그 범위는 넓어진다!

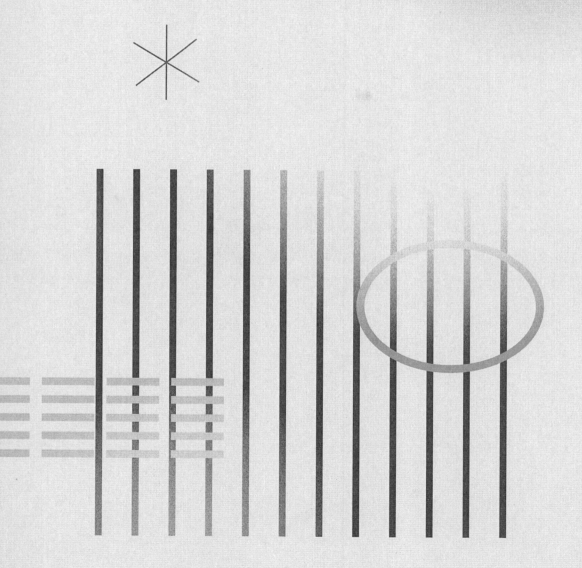

V.　　　혼자서도 척척!
쉽게 배우고 따라 하기

i. 수업의 시작과 감각 열기(감각과 감성의 발달):
감각 활동으로 몸과 마음 깨우기

"손을 가지고 일하는 것을 배우는 어린이는 노동자가 된다.

손과 두뇌를 가지고 일하는 것을 배우는 어린이는 장인이 된다.

손과 두뇌와 마음을 가지고 일하는 것을 배우는 어린이는 예술가가 된다."

아침을 여는 활동으로 시작한다.

학년기는 점차 가슴에서 머리로 향하며 성인들은 그와 반대로 점차 머리에서 가슴으로 향하고 행동은 그 뒤에 나타난다. 발도르프 교육의 시작은 시 낭송과 함께 시작된다고 할 수 있다. 교사와 아이들은 아침의 시작을 슈타이너의 자작 시 또는 자신이 좋아하는 시를 낭송하면서 감각을 깨우는데 원을 그리며 둘러서서 따라한다. 노래를 함께 부르며 간단한 동작을 다 같이 하며 감각을 깨우고 몸을 푼다. 이 시간은 자신과의 대화 시간이다. 몸을 움직이게 해 아침잠을 깨우고 저녁잠은 잘 오게 해 준다. 세상의 모든 것에 리듬이 있는 것처럼 시 안에 표현된 철학적이고 함축적인 의미를 생각하면서 언어 안에서의 리듬을 자신의 목소리 톤을 인지하면서 신체, 감정, 사고의 조화를 돕는다.

소리 활용 수업

소리에 대한 실험은 가상에서 환상적인 현실로 연결해 준다. 관악기 역시 학생들은 공기의 양에 따라 달라지는 소리의 원리를 스스로 깨우치게 한다. 현악기의 원리도 알아보고 악기에 대한 수업이 마무리될 즈음에 직접 악기를 만들어 오는 과제를 제시하기도 한다.

아이들이 좋아하는 청각적 자극을 통해 활동하는 것인데 심층 바다 속 고래의 울음소리, 천둥과 번개를 동반한 빗소리, 새소리 등 자연의 소리를 들려주거나 유리잔 소리 듣고 표현하거나 아침 시를 읽고 몸으로 표현하기 등이 있다.

사물 활용하기(위로 던지기, 떨어뜨리기, 바구니에 넣기)

이 활동은 직립 보행의 기쁨과 신체 인지 향상에 도움을 준다. 머리 위에 둥근 콩 주머니를 떨어지지 않게 놓고 천천히 직선으로 걷거나 둥글게 원을 그리며 걷게 한다. 달팽이 노래를 부르며 하나의 규칙을 정하고 차례차

레 걷게 하면서 아이들은 감각을 깨운다. 별 하나 나 하나 게임으로 숫자에 맞춰 콩 주머니를 위로 던지고 그 순간에 손뼉을 친다. 또는 가벼운 깃털을 던져 땅에 떨어뜨리지 않고 두 손으로 잡기 등 여러 사물을 가지고 아이들의 감각을 깨워 보자.

뜀뛰기

나무 막대 두 개를 바닥에 내려놓거나 줄을 그어 표시해 놓고 함께 하나의 호흡으로 뛰고 뛰어넘기를 한다. 타인의 호흡을 관찰하여 자신의 호흡과 맞추는 단체 활동은 소속감과 존재감을 일깨우는 좋은 감각 활동이다. 이때 동시에 사고 감각의 활용을 같이해도 좋다. 예를 들면 2단부터 구구단을 외운다든가 말이다. 뜀뛰기는 아이들의 생명 감각과 신체 에너지를 상승시키는 매우 좋은 운동이며 줄넘기를 평소에 많이 하면 좋다.

손뼉치기

여러 명이 돌아가며 한 번씩 릴레이로 박수를 친다. 한 번 방향을 바꿀 수 있다는 규칙을 정하여 계속 박수를 치며 의식에 집중하게 만든다. 타인과의 손 활동은 손의 힘 조절과 신체 통제 능력을 향상시킨다.

아이들을 움직이게 하려면 교사는 2배를 과하게 움직여야 한다는 것을 명심하자.

ii. 포르멘 수업(형태 그리기)

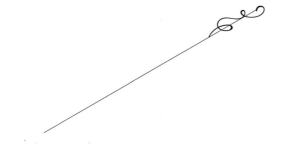

1919년 독일 슈투트가르트에 최초의 자유 발도르프 학교에서 오이리트미와 함께 시작했던 새로운 교육법 중의 하나이다. 예술적 요소인 선은 움직임에서 시작되고 자기화시켜 가는 과정에서 포르멘은 발전한다.

형태 그리기는 그 자체를 번역하면 선의 모양 또는 형태 그리기의 의미를 가지며 선이 형으로 또다시 새로운 형태로 바뀌는 동안 능동적이고 순수한 기쁨의 감정 체험으로, 그야말로 움직임이 남긴 흔적을 뜻한다. 포르멘의 기본 요소인 직선은 [—, ||]으로 땅과 사람을, 곡선[이은 하늘을 의미한다.

어린이가 태어나면서부터 시야를 통해 인식하게 되는 직선과 곡선 등의 다양한 선의 움직임의 체험을 통해서 몸과 마음으로 또는 존재의 전체로서 선과 형태를 체험한다. 운동의 움직임이 한편으로 형태를 만들어 내고 또 한편으로 기쁨과 감정을 만들어 낸다고 생각하고 인간의 운동 감각과 균형 감각이 포르멘 수업의 기초가 된다.

포르멘 활동은 선을 움직이는 감각과 감정 훈련이다.

선은 직선과 곡선이라는 가능성에 존재한다. 포르멘 활동은 아동 발달에 있어 좌뇌, 우뇌의 조화와 시지각 발달 및 인지적 사고 능력을 발달시키는 주요 수업이다. 아이들은 직선과 곡선을 다루며 이 둘의 특징적 차이를 느끼며 분명한 방향성을 지닌 직선은 집중력을 요구하는데 사고가 의지를 지배한다는 의미이다. 반면, 상대적으로 목표가 덜 뚜렷한 곡선은 개별성을 발휘할 여지를 허락하며 의지의 표현이다. 역동적인 선 그리기는 의지 활동의 의미이지만, 기하는 사고 형상의 표현이다. 우리가 쓰는 언어는 선의 기원으로 사고에 있음을 알 수 있다. 생각의 실마리나 생각의 가닥 등의 표현을 사용하는 것을 보면 알 수 있다. 색에서 형태를 만드는 작업과 선 그리기를 분리해서 진행한다.

다양한 조합과 변형을 통하여 형태 요소 및 리듬과 운동감을 체험하는 것으로 선을 따라 그리며 선을 체험하고 더 나아가 연상하기, 상상하기, 이야기 짓기 등의 창의성 기법을 활용하여 다양한 사고를 이끌어 내는 활동으로 구성된다.

포르멘 활동이 중요한 이유는 인간 내면에 존재하는 형성과 해체, 변화와 정지, 자연과 우주의 조화를 가능하게 하는 내적인 리듬이 밖으로 표출되어 형상화된 것으로 인간의 정신과 몸의 조화를 가져오기 때문이다. 단순한 직선이나 곡선의 도형에서 점점 복잡한 형태의 직선과 곡선으로 발전해 가고 그 후에는 대칭의 연습으로 나아가는데 좌우 대칭, 혹은 상하 대칭으로 표현된다. 그다음 단계에서는 다양한 형태의 연습과 표현으로 진행되어 날카롭게 또는 둥글게 또는 각진 선의 연습, 반원, 삼각형, 사각

형, 별 모양, 원, 방형, 소용돌이형, 맺음형 등의 선묘의 여러 변화와 함께 어린이들도 성장해 왕성한 내적 활동을 가능케 하는 선 체험을 하도록 도와주어야 하고 '만들어진 것'을 통해 '만들어지고 있는 것'의 흔적을 쫓게 하는 것이다.

감정은 이미지로 표현되고 다시 감정으로 나타나는데 선으로 색으로 다양하게 표현할 수 있는 우리의 감각 상호 작용으로 이루어진다. 자신의 감정을 다룰 수 있게 되어 자신에 대한 통제력이 생기며 의지가 육성되고 감성을 통해 인간과 세상에 대한 앎을 깨닫게 한다. 그러므로 포르멘 활동은 선 그 자체의 본질적 속성을 이해하는 과정으로 그 선이나 형태가 가지고 있는 힘(에너지)에 접하는 일이기도 하다. 이는 때로 강렬한 색과 굵은 선을 매개체로 이용하여 자신 속의 건강한 에너지를 발산하기도 하고 선의 표현을 통해 생기를 되찾기도 한다.

이러한 관점에서 포르멘 수업은 성장하는 아이들에게나 사고, 감정, 신체가 통합되지 않고 분리된 모든 인간에게 밸런스를 잡아 주는 교육적 치료 효과의 측면도 가지고 있어 중요하다.

새로운 선과 형태를 창조해 나가는 과정들을 통해 얻어지는 교육적 치료 효과를 다음과 같이 정리하면 다음과 같다.

첫째, 마음이 차분해지고 안정감을 가져 정서적인 부분에 도움을 줄 수 있다. 둘째, 형태를 단계별로 그리는 과정과 자신의 생각을 나누면서 자신의 존재를 긍정적이며 능동적으로 움직일 수 있어서 자존감을 회복하도록 돕는다. 셋째, 반복적이고 집중할 수 있는 시간이 점점 길어지면서 자기 통제력과 집중력, 인내력, 의지력을 높여 준다. 넷째, 선의 기본 단계를 거쳐 응용 단계와 활용 단계로 발전해 나아가면서 이해력과 기억력을 높여 사고력을 확장시켜 준다. 다섯째, 반복 학습과 새로운 것을 스스로 만들어 내는 과정에서 자신의 약점을 보안하고 내면의 상처가 치유되어 가도록 돕는다. 여섯째, 몸을 움직이고 이야기하고 그리는 과정에서 마음과 생각이 통하고 친밀감을 느껴 서로를 이해하고 배려하며 존중하는 분위기는 서로의 공감대를 형성하여 공동체 의식이 생긴다.

소묘에서 무수히 많은 선이 하나의 면에 집중되면 명암의 대비가 생겨난다. 1차원의 선이 2차원의 면으로 전환되고 그 위에 빛과 어둠이 서로 힘을 겨루는 긴장이 펼쳐진다. 오직 흑과 백으로만 이루어진 면은 추상이다. 빛과 어둠의 대립이 너무 절대적이기 때문에 살아 있는 것은 존재하지 못한다.

하지만 흑과 백 사이의 상호 작용에서 살아 있는 것이 탄생한다. 2차원적인 면의 명암을 이용해서 빛과 어둠의 외적, 내적 경험을 표현할 수 있다. 어떤 기법과 재료를 선택하느냐에 따라 셀 수 없이 다양한 효과를 연출할 수 있다. 작은 목탄 조각의 넓은 면으로 부드러우면서도 점토와 같은 느낌의 농담 표현이 가능하다. 먹이나 짙은 검은 콩테로 힘 있게 내려 그은 선은 의식을 일깨운다. 흑과 백의 강렬한 대비는 번쩍이는 번개로 가득 찬 것처럼 보이게 한다.

형태 그리기는 수채화 수업과 병행한다. 쓰기를 배우기에 앞서 입학 초기에 준비시키는 수업이기도 하다. 직선과 곡선을 먼저 배운다. 이는 알파벳을 배울 때 만나게 될 형태의 기본 요소다. 그다음은 예각, 둔각, 반원, 삼각형, 사각형, 별, 원, 타원 등 형태 그리기를 이어 나간다. 정해진 주제는 없다. 수채화 수업은 색깔에 느낌을, 형태 그리기에는 형태에 대한 느낌을 훈련시킨다.

형태 그리기에서의 색 사용

형태와 색채의 언어에 대해 뚜렷하게 예술적으로 느끼지 못하게 되며 마음 내키는 대로 색을 고를 경우, 형태는 조잡해지기 쉽다. 형태는 움직이는 것, 색깔에 묻혀서는 안 된다.

교사가 이끄는 방향

- 색이 있는 종이에 형태를 그리는(연습) 것이 좋다.
- 넓은 크레용(사각)은 선이 없고 면이 존재한다.
- 정성껏 할 수 있는 분위기를 형성한다.
- 형태 옆 선의 덧칠은 안 된다.
- 선의 움직임을 관찰할 수 없기에 형태 안의 색칠은 하지 않는다.
  형태는 색에서 탄생(선으로 표현하지 않음)해야 하기 때문에 색과 형태는 하나로 존재한다.

8~9세(기본 연습–대칭 그리기)

- 불완전한 것을 완전하게 만들고자 하는 내적 지향을 아이들 안에 일깨우기 위함이다.
- 미완성 상태의 형태는 기억 속에서 그와 유사하면서도 주어진 형태를

직접 그림으로 보충해 완성한다(이때 아이들은 상상이 아닌 실재를 인지). 이로써 아이들은 주변 세상을 파악하고 제어하기 위한 중요한 걸음을 내딛는다.

• 좌우 대칭을 기본으로 하고 창의적 연습도 할 수 있다.

Tip & Talk

* 학년이 올라갈수록 수직축 대칭→수평축 대칭(물에 비친 상으로). 아이들은 수평축 대칭을 그리기 어려워한다. 좌-우, 상-하의 이중 대칭에 비대칭까지 추가하여 연습하면 된다.

　'생각하며 살펴보고 살펴보며 생각하는 힘을 길러야 한다.'_슈타이너

* 4~5학년의 식물학 수업에는 주제를 선택할 수 있고 식물의 잎과 꽃의 형태 같은 대칭 형태를 그린다. 또 북유럽 신화 이야기 그리스 신화에 나오는 문양 장식은 그림 상징에서 발전되었다.

* 5학년에는 기하학 도입이 이루어진다. **자나 도구 없이 맨손으로** 기본 도형을 그린다. 대칭을 이루는 원 → 다양한 방식의 원 분할을 배운다. 이때 아이들은 아름다움을 풍부한 수많은 형태를 만난다.

* 6학년이 되면 사고력을 더욱 요구하는 새로운 연습을 시작하는데 컴퍼스와 자를 이용해 다시 한번 분할을 연습한다. 아름다움에 대한 감각 경험과 수학적 사고의 명확함이 하나로 연결된다.

발도르프의 교육 과정 중의 하나

1. 몸으로 먼저 체험(색이 가진 특성과 다른 색과의 관계 우선)

2. 직선과 곡선 또한 공간에서 몸으로 경험→선→글자, 숫자로 연결.

3. 직선과 곡선은 움직임의 한 부분이다.

4. 선을 이용하여 기하학을 찾는 것도 그 이후.

9세 이전과 그 이후

객관적 사고 시작

- 직선과 곡선의 본질: 움직임의 한 부분
- 이 시기의 아이들은 의문을 품지 않고 이성적인 판단 없이 순수하게 경험을 받아들인다.

  ** 에테르체 지성의 발달은 사지의 움직임, 직접 지성을 훈련하지 않는다(손발의 소근육운동)→대바늘 뜨기(1학년)→코바늘 뜨기(2학년)

- 형태 그리기=몸의 움직임(오이리트미)→어울리는 동사 or 동사를 주고 어울리는 형태 그리기
- 저학년 아이들: 모방의 단계-교사를 모방함. 충분히 몸의 움직임을 훈련한 후 종이에 그려 보자!

소묘의 기본 요소

점, 선 그리고 면의 기본 요소는 각각 다른 소묘의 유형 안에서 조합되는데 이 같은 유형은 비록 개별적이라 할지라도 서로와 함께 치료 용도로 사용된다.

① 주로 선에서 주는 소묘 종류

대상의 선형 소묘	기하학 소묘	형태 소묘	역동 소묘
* 관찰한 대상의 형태를 윤곽, 형상을 재현한다. * 3차원적인 관점으로 옮긴다.	우주-지상의 규칙적인 선 표현	부드러운 움직임의 자취로의 선: 율동적인, 장식적인, 반복적인, 박자에 맞는	몸짓(표정, 태도 등)의 자취로의 선: 유희적인 움직임, 자연스러운 것

② 주로 면으로 나타나는 선 종류

목탄 소묘	파스텔 소묘	선화
* 흑과 백 * 밝음과 어두움 * 빛과 암 흙의 자유 또는 빛과 그림자까지	색의 품질과 함께 면 작업 (회화와의 관계성)	작은 대각선 라인에서 시작해 면으로 만들어진 스크래치는 물체 사이에 놓인 것에 만들어지게 된다.

③ 주로 점으로 만들어진 소묘 종류

점은 아주 드물게 독립적 요소로도 사용되지만 그건 의도적, 방어적이다-접하거나 또는 스스로 라인으로부터 절단 또는 교차 상태로 되돌아온다.

점, 선, 면

기본 요소인 점, 선, 면은 형태의 방향과 움직임, 정지, 스케치, 연구 등 확실하게 가시화될 수 있다.

〈표 1〉 기본 요소의 개략적인 개요

점 – 0차원	선 – 1차원		면 – 2차원
① 정지, 꽉 잡다	① 흐름, 방향, 긴장감, 시간의 진행		① 명암 구성 요소의 활성화
② 정적인	② 연결을 만듦		② 빛과 그림자 표현
③ 말할 때: 위치, 요점, 지점, 중간 지점, 정확한, 시작함	③ 자연에 혼자 존재하지 않음: 영적, 개념, 사고의 연결.		③ 품질의 빛과 암흑의 경험 활성화
④ 쓸 때: 끝, 시작, 휴식	④ 진행, 활동을 표현할 수 있음		④ 4원소 같은 대기 표현에 적합함
⑤ 잠재력, 객관성, 집중, 선명함	⑤ 유용한 기능, 회화의 입문, 그래픽, 조형, 건축, 공예, 과학		⑤ 사건 사이에 있는 것을 표현: 기분이나 느낌 발생
⑥ 첫 번째 창조적 과정의 시작과 함께 구체화됨	〈직선의 기능〉	〈곡선의 기능〉	⑥ 변화된 성질
⑦ 표현의 첫 번째 의지 결정	① 선의 조립 구성	① 선의 장식	① 명암 구성 요소의 활성화
⑧ 자유로운 움직임과 자율적 시간의 요소	② 선의 원근법	② 선의 생기, 활력	② 빛과 그림자 표현
⑨ 점의 반복이 면이 됨	③ 현실의 공간 인식	③ 움직임 스케치, 구조, 감성	③ 품질의 빛과 암흑의 경험 활성화
⑩ 규칙적인 점의 움직임이 선으로 이어짐	④ 3방향의 가능성	④ 표현하다	④ 4원소 같은 대기 표현에 적합함
⑪ 하나의 움직임 자취	⑤ 수평적: 가로 꿈꾸는, Ich(자아)	⑤ 자신의 표현	⑤ 사건 사이에 있는 것을 표현: 기분이나 느낌 발생
① 정지, 꽉 잡다	⑥ 수직, 대각선: 하늘과 땅의 결합	⑥ 유희적인	⑥ 변화된 성질
② 정적인	⑦ 품질과 순서	⑦ 환상적	
③ 말할 때: 위치, 요점, 지점, 중간 지점, 정확한, 시작함	⑧ 엄격한	⑧ 꿈, 의지, 느낌	
④ 쓸 때: 끝, 시작, 휴식	⑨ 목표 지향적	⑨ 모음	
⑤ 잠재력, 객관성, 집중, 선명함	⑩ 깨움, 사고	⑩ 해결, 해산	
⑥ 첫 번째 창조적 과정의 시작과 함께 구체화됨	⑪ 자음	⑪ 삶	
⑦ 표현의 첫 번째 의지 결정	⑫ 단단함	⑫ 물, 공기, 따뜻함	
⑧ 자유로운 움직임과 자율적 시간의 요소	⑬ 죽음		
⑨ 점의 반복이 면이 됨	⑭ 땅		
⑩ 규칙적인 점의 움직임이 선으로 이어짐			
⑪ 하나의 움직임 자취			

〈표 2〉 치료적인 소묘의 다양한 유형에 대한 효율성 및 표시

소묘의 유형	특징	치료 효과
1. 정밀 소묘	거리감, 풍부함, 차이, 집중력, 관찰력	신경성 식욕 부진, 염증, 경계성 장애, 냉증 등
2. 기하학	순서적인, 논리적인, 정확한, 객관적인, 규칙적인	사고-감정-의지의 비조직성 등
3. 목탄 소묘	밝음과 어두움의 경험, 빛과 그림자의 경험, 도덕성	정신 장애, 스트레스, 용기와 힘 등
4. 형태 소묘	율동적인, 반복적인, 초보적인, 감성적인, 부드러움 넘치게 유연한, 다채로움	심장 부정맥, 자폐성, 균형 장애, 쓰기 장애, 읽기 장애, 천식 등
5. 파스텔 소묘	유연한, 감성적인, 다채로움, 부드러움	신경 쇠약 구성, 암, 류마티즘, 우울증 등
6. 역동 소묘	움직임, 자유, 놀이적인, 화합적인	내적 성장, 불안과 강박 증세 등
7. 선화	지배적인, 반복적인, 방향을 주는, 투명한	중독, 치매, 다발성 경화증, 에이즈 등

소묘의 치료 요소는 풍부하고 더 넓힐 수 있다.

직선과 곡선, '빠르게'와 '천천히', '없애고'와 결합하고, 뚜렷하게 와 흐리게 그리면서 극성의 움직임을 같이 놓을 때는 연결된 선이나 가지런한 것보다 완전히 다른 경험이 놓이게 된다. 리듬감이 있는 라인은 생동감에 가깝고 결합된 것은 의지이고 하나의 선은 인사나 표상을 말한다. 기하 소묘에서는 리듬감이 반복되는 선으로, 형태 그리기와 역동적인 소묘에서는 부지런한 움직임으로 작업하게 된다. 직선과 곡선의 대립은 놀랍도록 크다. 잠시 동안 직선을 그리면 가벼움과 확실함의 느낌을 만날 수 있다. 크리스탈 세계에서 직선을 보고 모서리와 직선의 정지된 면이 나누어지며 추위와 딱딱하고 죽은 무언가는 밖으로 빛난다. 그러면 삶의 어떤 고달픔에서 오는 곡선 원형에 대한 갈망처럼 뭔가를 감지한다. 꿈꾸는 듯이 부드럽고 따뜻하게 되며 감정과 의지를 경험한다.

느림과 빠름의 대립 또한 치료를 위해 중요하다. 누군가 천천히 그리면 소묘는 비록 제어되지만 무엇을 그리는지 안내한다. 하지만 정지되면 안된다. 선이 매우 빠르게 종이에 던져 경우 느낌을 가지지 못한 채 지배되지 않는 의지력을 경험한다. 너무 느리지도 않고 너무 빠르지 않은 속도의 중간은 필압의 중심이 약하거나 강하지 않은 정도에서 가장 화합이 좋다.

앞에서 제시한 바와 같이 소묘에서의 움직임을 통한 양식은 아래와 같다.
- 계획하다 / 짧고 긴 스크래치 / 직진 / 천천히 느린 템포
- 느낌 / 둥글고 리듬 있는 스크래치 / 직진과 동시에 움직이는 / 중간 템포
- 열정, 의지 / 겹치는 스크래치 / 둥근, 움직이는, 큰, 강한 / 빠른 템포

Tip& Talk 소묘 연습

① 리듬이 필요한 아이
- 강한 의지와 집중력: 형태 그림(시끄러운 주말을 보낸 후에 직선 연습)
- 생각의 깊이(자극)→직선과 곡선을 결합한 조화를 형태 연습(유형의 변형)
② 하나의 곡선을 대여섯 가지의 직선으로 변형하기
- 곧고 각진 선: 사고 / 곡선: 의지
③ 수와 셈을 거꾸로 말하기(100→1)

- 앞으로 걷고 뒤로 걷기
- 연결된 흐름 선→반대로 흐름(왼→오, 오→왼)

④ 1학년 때 '눈에 보이는 선과 눈에 보이지 않는 선'을 이용

선이 종이 밖으로 나아가지 않도록 교사가 먼저 테두리를 제시. 시작과 끝
(멈춤)을 적절히 이용(인지)하도록.

⑤ 원(도움 선)을 기반으로 맨손으로 곡선 그리기 (S…)

- 변형 곡선→직선으로 / 변형 직선→곡선으로의 연습은 형태를 조절
  하는 힘이 향상된다.

⑥ 나선형 그리기(안에서 밖으로, 밖에서 안으로의 과정을 통해 서로의 입장과 차이를 경험
하게 하고 주도 역할와 보조 역할의 경험)

: 원하는 크기에 도달하면 원으로 마무리한다.

⑦ 도움 선(원)은 가장 연한 색(노랑, 흰, 분홍)으로 그 위에 점을 찍고 연결하여
나온 두 형태를 비교하여 예술적 느낌을 질문하게 한다.

⑧ 도움 선을 그리고 원하는 만큼 도움선 위에 점을 찍고 점과 점을 연결
하거나 점 주위로 선을 연결하여 형태를 만든다_형태는 종이가 허락하
는 한 크게 하고 종이(주어진 환경)는 돌리면 X.

⑨ 도움 선 응용. 수직 좌우 대칭 연습(두 개 이상의 선 사이의 관계를 보여 주는): 저
학년에게 활용되는 형태

⑩ 복잡한 좌우 대칭(다중 대칭축-이중 대칭), 수면 위의 거울상(좌우 대칭-직립 보행
과 같은 구조, 수평축 아래, 위= 거울상)

⑪ 입체적 끈 모양으로 형태 그리기

⑫ 맨손 기하 연습(형태 간의 관계성 중심)

- 직선과 곡선의 연결

- 점점 작게, 점점 크게

- 나선 형태(생각을 자극)

⑬ 글자, 알파벳: 의지, 사고 능력

- 3학년: 둥근 형태(부드러운 감정과 따뜻함)

- 4학년: 곡선, 직선(감정과 사고의 혼용의 독립된 형태)

- 5학년: 직선만(객관적이고 사고적 판단의 형태)

- 6학년: 로마 역사+로마 알파벳(응용된 사고력 형태)

- 7학년: 고딕체(풍부한 사고 형태)

- 8학년: 자신만의 알파벳(자유로운 사고 형태)

⑭ 아이들이 어려움을 극복하게 도울 방법

- 중심에서 뻗어 가는 선과 형태의 움직임: 자기(내면의) 확장

- 밖에서 중심으로 들어오는 선과 형태의 움직임: 둘의 상호 작용

⑮ 강한 내부와 외부 간의 상호 작용을 위한 형태(라포 형성에 도움)

- 9학년의 흑백 소묘(목판, 목탄-조소적 요소): 6학년의 빛과 그림자의 연장선으로 원근법적인 소묘와 입체 소묘로 이어지는데, 이때부터 흑과 백이 분리되면서 독자적인 매체로 받아들인다. 빛과 그림자의 요소는 청년들의 내면에 내제된 양극적인 힘을 반영한다. 이 두 요소의 반영으로 창조적인 법칙이 자리 잡는다. 빛과 그림자가 어두운 주변 환경 위에서 펼쳐질 때 그 형상에 주목한다. 창조성이 일깨워지고 빛과 어두움의 새로운 환경에서 관계를 맺는다. 이러한 것은 청소년기의 아이들에게 내면

의 불협화음과 갈등뿐만 아니라 그런 상태를 극복하려는 그들의 노력을 보여 주는 듯하다. 청소년들은 기본적으로 우울의 정서를 가지고 있으며 스스로의 세상 속으로 들어가려하지만 그 세상에서 아직 완전히 뿌리내리지 못한 존재라고 여긴다. 사고 능력을 얻었지만 어릴 적 상상력이 허락했던 천국 같은 세상을 잃은 것이다. 하지만 사고 속에는 그 천국의 세상을 다시금 열 수 있는 힘이 담겨 있고 자신과 세상의 수수께끼를 밝힐 수 있는 것이 바로 사고다. 어떻게 목탄을 잡고 선을 그어야 은회색 면이 생기는지 보여 주면서 섬세한 감각과 밝고 어두운 면의 아름다움, 분할과 명도 변화에 대한 기쁨을 일깨울 수 있다.

• 9학년부터는 섬세하고 정확하며 뚜렷한 윤곽선이 생기고 외부와 사물이 가진 빛과 그림자의 법칙 연구

• 11학년을 위한 흑백 소묘(에칭, 펜화)는 직설적 표현에 도움을 준다. 자칫 산만한 표현이 될 수 있겠지만 매체 자체가 섬세하여 깊은 사유를 하게 함으로써 인물의 경계선이 모호해지는 것을 방지하고, 개방적이며 전체적 배경이 중요한 위대한 느낌으로 인물과 인물 사이를 그린다. 그리고 인물의 위쪽이나 인물의 주변에 나타나는 빛과 어두움의 역동적인 힘과 외부에서 들어오는 빛은 각 인물에 배분된 빛과 어두움의 정도에 따라 그 존재의 참모습을 드러낸다. 이 시기 렘브란트의 인물화는 외부의 빛과 어두움의 작용에서 만들어진 상으로 영혼과 정신 상태를 표현하는 것이다. 힘을 자기 내면에서 경험하게 하고 그 경험은 그림으로 형

상화하여 구상하게 한다.

모든 선은 각자의 개별성을 지니면서도 다른 선과 함께 움직인다. 이것은 물의 흐름과 같은 힘의 흐름이다. 이런 소묘 연습은 하면 할수록 힘이 나고 상쾌해진다.

선을 긋는 방향은 수평, 수직, 사선 어느 쪽이든 가능하지만 빗금(사선)이 가장 자연스럽다. 글씨를 쓰는 방향으로 유일하게 쓰는 도구는 손과 명암 효과에 대한 감각뿐이다. 슈타이너는 상급 학생들에게 모호한 이미지를 줄이고 집중하도록 하고 각성할 수 있도록 빗금을 제안하기도 하는데 예를 들면 구름의 형태를 짧은 빗금으로 그리게 하는 방법이 있다.

예술적 형상에서 정신적인 빛의 인상(깨어남)을 이끌어 내려고 강화시킨다. 즉, 내부에서 빛을 발하는 인상을 만들어 내고자 하는데 이는 빛이 대상을 밝히려 확장하는 과정이다. 형태보다 면을 강조할 때 생동감을 얻을 수 있다. 형태를 따라 선을 그으면 그 형태는 힘이 생기면서 공간감이 형성되고 무거워진다. 반대로 형태를 뭉개어 선을 그으면 형태는 없어지거나 가벼워지면서 허공으로 사라져 떠오른다.

형태는 홀로 존재하지 않고 주변과 하나가 된다. 색이 없는 흑과 백의 법칙은 내부로 스며들어 인간 자아의 경험을 하게 한다. 바로 자아 내면의 빛과 어둠 사이에서 살아 있는 균형을 잡으려 애쓴다. 빛은 확장이고 어둠은 응축되며 빛은 위로 떠오르고 사물을 가볍게 하고 어둠은 아래로 끌어내려 사물을 무겁게 만든다. 오른쪽, 왼쪽 어디를 어둡게 할지, 밝은 쪽으로 할지 등 이러한 감각적 관찰은 아이들 스스로 일깨운다. 오이리트미에서 오른쪽 팔은 위를 향하고 왼쪽 팔은 아래를 가리키고 있는 모습은 인간 (Ich,I)의 양극성의 표현이며 흑백 소묘를 의미하는 선의 방향(빗금)이다.

면에 살아 있는 느낌을 주기 위해서는 모든 선은 의식적으로 단호하고 자신감 있게 그어야 한다. 여기에 끈기가 절대적으로 중요하다. 무엇보다 빗금의 방향을 엄격하게 고수해야 한다. 낙서하듯 하면 절대 명암이 만들어지지 않는다. 기계적하는 단순 반복 역시 피해야 한다. 잡는 방법에 따라 선의 굵기 조절이 가능하고 가늘게 그은 선도 진한 선으로 표현이 가능하다. 이런 강렬한 표현은 강한 의지를 주고 죽음과 같은 깊은 정신과 사고를 할 수 있도록 만든다. 그렇게 나아가는 노력은 하얀 종이 위 짙은 검정의 표현으로 섬광 같은 불꽃의 빛을 준다. 이런 방법의 흑백 소묘는 이 시기에 용기와 도덕적인 면을 강화시킨다는 것도 잊지 말자.

소묘를 정의하자면 소묘는 하나의 대화이며 아래와 같다.
① 자신의 과거로 이미지 그림→의식하도록
② 대상물의 기억 연습→관찰과 집중을 촉진하도록
③ 동화, 신화, 시, 이야기의 이미지→상상력을 자극하도록
④ 다른 관점의 대상을 보고→자신의 확고한 의견을 풀고 확대
⑤ 예술 작품의 사본 사진(건축, 조각, 회화, 드로잉, 세부 사항)→정확한 관찰을 요구하도록
⑥ 각 다른 자연 왕국의 인식→세상의 풍요한 경험
⑦ 소묘 유형 사이의 연결과 전환→내부 유연성을 자극하도록

⑧ 인지하고 밖으로 향한 원거리 연습→차이, 위치, 전망을 형성하도록

⑨ 소묘의 음악적인- 울리는 인상을 구현→소리와 시각이 서로서로 함께
   연결되도록

iii. 습식 수채화

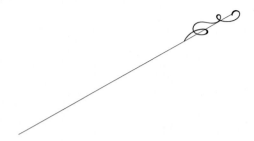

수채화 수업은 색을 움직이는 감각 훈련이자 감정 훈련이다. 포르멘은 선의 움직임으로, 습식 수채화는 색의 움직임과 면을 다루는 훈련이다.

색의 사용은 아이 영혼을 풍요롭게 해 무미건조했던 주변 환경에 생기를 띠게 한다. 자신의 한계를 넘어 정신적인 본질에 객관적으로 파고들어 가게 돕는다. 일주일 한 번, 같은 요일 수채화 수업을 한다. 몇 년 동안 이루어질 수 있는 이 리듬은 아이들에게 깊은 영향을 미치기에 굉장히 중요하다. 리듬의 성격을 지닌 모든 것은 의지를 키우고 리듬 있는 규칙성은 아이들에게 자연스럽게 움직이게 하면서 따뜻하고 안정된 분위기를 만든다. 이를 통해 도구를 소중히 다루는 마음을 배운다.

교사는 끊임없이 연습하면서 새로운 능력을 습득하면서 교육을 예술로 실천할 힘을 얻어야 한다. 그래야 모든 수업을 예술의 요소로 채울 수 있기 때문이다. 교사는 직접 경험하여 아이들이 어떤 방향에서 어려움을 겪을지, 어느 부분에서 도움이 필요한지 알 수 있다. 교사의 개인적인 취향보다 객관적이고 창조적인 노력의 색채 연구는 아이들의 창조적인 활동과 감각적이고 도덕적인 부분에 영향을 주어 전인적 인격 성장에 도움을 줄 수 있다.

색(색이 펼치는 드라마=영혼의 드라마)

칸딘스키는 색을 통해 풍부한 경험과 다양한 감정을 멋진 언어로 표현하고 있다. 그가 표현한 색 언어는 엄숙, 위풍당당, 구슬픔, 자기도취, 도전적인 태도, 힘, 순종적 상냥함, 고집스러운 절제 등이 있다. 또한, 깊은 생각으로 표현된 양극성이 등장하는 동시에 대조되는 상호 보완하는 관계들이다. 능동과 수동, 밝음과 어두움, 따뜻함과 차가움 등 색이 서로 관계 맺는 방식으로 인간이 관계 맺는 방식만큼이나 다양하다. 행복과 고뇌, 기쁨과 슬픔, 공감과 반감 등이 그렇다.

이를 통해 아이들의 색에 대한 느낌의 폭이 넓어질 뿐만 아니라 영혼의 특성 역시 풍부해지고 섬세히 다듬어진다. 색다른 재료로 새로운 시도를 하느라 순수한 매체를 만날 기회를 놓쳐서는 안 된다. 순수한 매체는 아이들에게 사물의 본질을 만나게 해 주는 힘을 가지고 있기에 그렇다. 아이들이 매체를 마음대로 선택하게 두어서는 안 된다. 작업의 객관적 특성에 대한 통찰에서 올바른 재료의 선택이 이루어져야 하기에 자유적인 선택은 하도록 하되 그 자유 안에 꼭 필요한 가이드 라인은 있어야 한다. 이런 원칙에서 상상의 힘이 놓여 있으며 실제 그 자체가 창조적 힘을 일깨울 것이다.

빛과 공기는 그림을 그릴 수 없다. 하지만 공기 다음으로 무거운 요소인 물은 빛과 공기의 느낌을 그림의 색으로 변화시키기 가장 적합한 매체다.

그리고 색을 가장 아름답게 관찰할 수 있는 곳에는 반드시 물이 존재하기 때문이다. 아름다운 색을 가진 무지개는 비가 온 뒤에 자연스럽게 나타나듯이 말이다.

색 사용에 있어 물의 중요성 강조!

물은 영혼에 가까이 접촉할 수 있도록 유도, 접착제 역할을 한다. 그리고 물은 색에 영향을 전혀 주지 않는다. 물의 사용은 무지개 같은 자연 현상을 담을 바탕이 되고 잔잔한 물의 표현은 하늘에서 일어나는 일의 경험을 반영하듯이 살포시 비춰 준다.

* 촉촉한 종이에 색은 투명함과 빛으로 가득 차 있다. 색은 영혼과도 같다(색의 분위기=영혼의 분위기). 선 X 면 O
* 투명한 수채화는 영혼의 요소를 표현하기에 가장 효과적인 수단!
* 수채화의 보조적 매체: 밀납 크레용(납작한)은 면 표현에 적합하다.
* 색은 가장 순수하게 세상에 노출된다(ex: 무지개, 일출과 일몰, 푸른 하늘과 바다, 이슬방울, 나무의 다양한 색의 잎 등) 상급 과정 수채화에서는 동물은 등장하지 않는다!

'감각적이고 도덕적 본성'을 지각하게 하는 색의 찬란함과 자연에 대한 영혼의 감각을 표현하는데 수채화가 적합한 매체라는 사실은 칸딘스키도 자신이 그린 최초의 그림이 수채화라는 사실로 이야기한다. 빛나는 파랑과 노랑, 초록이 하얀 종이 위에서 자신을 향해 빛을 발하는 것을 볼 때, 색의 면적을 스스로 결정할 때, 아이들은 특별한 영혼의 느낌을 받는다. 아이들의 기질에 따라 색에 대한 반응도 천차만별이며 교사 또한 많은 연습을 통해 준비해야 한다.

괴테의 색상환(6색의 색상환='색채 조화론')

노랑과 파랑은 색의 원형적인 현상으로 가장 기본이 되고 중요한 의미를 지닌다.

* 노랑은 빛이자 공기의 색으로

빛이 뿌연 매질을 통과하면서 오는 어둠에 저항하면서 나타나는 색이다. 어둠이 깊어지면서 주황과 빨강이 생긴다. 빛은 다양한 불투명과 저항하면서 들어온다. 이것은 일출과 일몰에서 관찰된다.

* 파랑은 어둠에 가장 가까운 색으로

빛이 뿌연 매질을 통과하면서 어둠을 밝히면 거기서 보라와 파랑이 생긴다. 멀리 있는 언덕을 관찰한다고 가정할 때, 빛을 받아 빛나는 안개를 통해 나무가 우거진 어두운 산비탈을 보면 언덕은 푸르스름하게 보인다.

노랑과 파랑의 색 경험을 원한다면 이렇게 해 보자. 우선 교사가 큰 종이 한 장에 준비해 위쪽 부분에 노란 점을 찍으면 아이들은 모방하여 노란 점을 따라 찍는다. 그다음 교사는 노랑 옆에 파란 점을 찍는다. 이때, 학급을 반으로 나누어 한 그룹은 노란 점 옆에 파란 점을 찍게 하고 나머지 그룹에게는 노란 점 옆에 초록 점을 찍게 한다. 조금 휴식을 취한 다음, 교사는 미리 만들어 놓은 초록 물감을 찍어 종이 아래 부분에 있는 노랑 점 옆에 초록 점을 찍고 노랑 옆에 초록을 먼저 찍은 학생들에게 파랑 점을 찍게 한다. 그렇게 줄지어 늘어선 노랑과 파랑, 노랑과 초록 점들이 종이에 가득 채워진다.

이 모든 과정은 고요하면서도 천천히 이루어져야 한다. 그런 다음 노랑과 파랑이 나란히 있는 것이 노랑과 초록보다 더 빛나 보이고 시선이 간다는 것을 느끼게 된다. 노랑과 초록도 보기 싫은 게 아닌 눈에 띄지 않을 뿐 노랑과 파랑이 더 아름답다는 것을 인식하게 된다. 초록 안에 이미 노랑이 담겨져 있는 노랑과 초록 화음은 긴장감을 떨어뜨리기 때문이다. 색은 되풀이하여 관찰하고 경험하는 것이 중요하다. 그리하여 아이들은 아름다운 것과 덜 아름다운 것을 구별하는 감각을 터득하게 되어 자신의 감정을 적절히 드러내야 할 때 구별하여 잘 표현할 수 있게 된다. 또한 색을 창조하는 과정에 자신이 한몫을 담당했다는 것에 경이로움을 느끼며 초록 그림처럼 빛(노랑)과 어둠(파랑)이 만날 때 힘의 균형이 어떤 것인지를 경험한다.

이렇게 괴테의 색상환은 노랑과 파랑의 양극성과 상승의 원칙에 따라 만들어졌다. 그리고 어둠이 경계선에 나타나는 노랑과 빨강이 있고 빛이 어둠의 가장자리를 뚫고 들어오는 곳에 보라와 파랑 띠가 나타난다. 검정 바탕 위에 하얀 띠를 놓고 프리즘으로 보면, 검정과 흰색의 경계를 이루는 한쪽에선 흰색 다음으로 노랑, 노랑에서 빨강으로 변하고 반대쪽에선 파랑에서 보라로 변해 간다. 프리즘을 겹치면 가운데 초록이 나타난다. 반대로 흰색 바탕 위에 검정 띠를 놓으면 흰색과 검정의 경계선에는 빨강에서 노랑으로 변하고 반대쪽에서 보라에서 파랑으로 변하는 것을 볼 수 있다. 다시 프리즘을 멀리 떨어트리면 가운데 빨강이 나타나는데 프리즘을 더 떨어트리면 빨강은 복숭아꽃 같은 살구색으로 밝아진다. 이런 현상을 인간의 피부색과도 연결된다. 이것은 12학년 초상화를 그릴 때 중요한 요소가 되고 괴테는 색들의 총체성과 상호 관계성을 괴테는 하나의 원으로 배치했다.

한 가지 색 연습 후, 두 가지 색을 연습하도록 하자. 아래 이 세 가지의 유형을 토대로 계속 반복해서 연습하는 것이 감각을 잃지 않는 데 도움을 준다.

조화로운 배열: 자홍-초록 / 주황-파랑 / 노랑-보라
특징적인 배열: 노랑-파랑 / 초록-보라 등 색상환에서 하나 건너에 색상
특징 없는 배열: 노랑-초록 / 초록-파랑 등 색상환에서 이웃한 색상

색의 총체성과 조화론에 입각해서 인간의 눈은 점차 활발해지고 본능적으로 보색을 만들어 낸다. 주어진 색과 잔상으로 만들어진 색을 짝으로 놓으면 언제나 색상환의 전체성이 완성된다. 이것이 색의 조화로움이다. 붉은 피를 가장 많이 보는 의사가 자신의 수술복 색을 선택할 때 초록을 선택한 것처럼.

하지만 특징이 없는 배열에는 노랑과 주황, 주황과 빨강, 빨강과 보라가 있는데 눈에 띄기에 너무 가까이 있어서 영향을 주지 못한다. 단조로운 배열에는 노랑과 초록 그리고 파랑과 초록이 그렇다. 서로 붙어 있을 때 노랑과 초록은 사소하고 일상적이지만 천박하게 명랑하고 파랑과 초록은

선뜻 마음 내키지 않게 천박한 느낌을 준다. 노랑이 많은 초록과 파랑이 많은 초록, 빨강에 가까운 노랑과 초록에 가까운 노랑… 자연의 많은 노랑과 초록들인데 예를 들면 봄의 초록을 표현하기 위해 초록 풀잎을 그리고 개나리, 민들레, 수선화 등을 계속 그리는 것이다. 얼마나 단조롭고 가벼운 느낌을 주는가.

연한 노랑부터 황금색의 수많은 노랑으로 꽃을 피운다고 생각해 보자. 햇빛 속에서 노랑의 특성은 더욱 강화된다. 초록은 아무리 위에서 노랑 위에서 빛을 비출 때도 어두워 보인다. 하지만 파란 하늘이나 노란 집 표현은 초록을 부드럽게 한다. 이런 노랑과 초록의 화음을 색으로 비유하면 '천박하게 명랑하다'는 괴테의 표현으로 색을 보충하고 싶어진다.

여름의 대표색 파랑과 초록은 긴장을 완화하고 회복시키며 재충전시킨다. 하늘색이 파랑이 아니라 노랑이나 빨강이라면 일상이 항상 자극적이었을 것이다. 파랑 옆의 초록은 노을처럼 자극적이거나 매력적인 인상을 주지 않는다. 하지만 자연을 접하는 긴장감 없는 관계가 눈을 편안하게 한다.

- 노랑-파랑의 배열의 초록→실질적인 만족
- 주황-보라의 배열의 빨강(자홍)→이상적인 만족

색의 화음

노랑과 파랑은 1학년 수업에서 시작하는데, 노랑과 파랑의 조화가 중요하다.

- 레몬 노랑−연한 남색→조화로움
- 파랑−노랑→빛과 그림자의 대조
- 노랑−빨강→쾌활함과 화려함이 표현
- 빨강−파랑→ 능동과 수동의 양극성이 순수하게 표현

어두운 진한 청색과 너무 밝은 노랑은 불쾌감을 주는데 진한 청색 안에 있는 초록(파랑과 초록의 배열)이 천박하게 명랑한 분위기를 주기 때문이다. 너무 어두운 파랑과 너무 밝은 노랑의 결합도 만족스럽지 못하다(빛과 어둠의 너무 강렬한 대조가 색의 효과를 감소시킴).

- 남색에 주홍 몇 방울=날카로움이 사라짐
- 진청에 진빨강 한 방울=초록 색감이 걷힘

빨강과 파랑은 색의 화음을 넘어 공간감을 선사한다.

- 파랑−물러나는 것처럼 보이고(−)
- 빨강−앞으로 나오는 것처럼 보인다(+).

색을 부드럽게 칠하느냐 강하게 칠하느냐에 따라 결과도 달라진다. 이런 식의 변주는 색의 역동에 영향을 주는데 색의 수가 줄고 단조로워질수록 색의 힘은 더 강화된다. 색을 표현할 때는 사용하는 언어 능력에 따라 혹은 감정 변화의 폭이 클수록 색의 수는 하나씩 늘려 가는 것이 좋다. 예를 들어 저학년은 2~5가지 색으로, 성인들은 5~7가지 색으로 만들어 가도록 말이다. 너무 많은 색을 선택하는 아이와 성인은 자신의 감정을 잘 모르고 어떻게 표현해야 하는지 잘 모를 것이다. 또한, 색을 칠할 때에 색과 색이 만나는 공간에서는 틈이 없어야 한다. 선의 표현(가늘고 긴 둥근 붓의 형태로)이 아니라 면의 표현(납작하고 넓은 붓의 형태)으로. 경계에 공간이 생기면 두 색은 진정한 관계를 맺지 못한다. 개별적인 색을 알기 위해서는 물의 양에 따라 색의 강약을 조절하면서 (다양한 강도로) 단색을 칠해 보는 것이다.

빨강과 초록의 화음은 한여름 초록 나뭇잎 사이 빨간 장미나 마당에 흐드러진 작약처럼 찬란한 느낌을 준다. 또 다른 화음으로는 노랑과 보라, 주황과 파랑이다. 색의 화음과 색의 조화로 잠자는 감각을 깨어나게 하자.

아이들에게 아름다움에 대한 감각을 일깨워 주고 조화를 경험하게 하는 것은 치유적 효과가 있다. 9세가 되어 가는 아이들에게 이 연습이 특히 중요하다고 한다. 색의 아름다움은 초록과 파랑의 연습으로 시작해 초록과 보라로 마지막으로는 초록과 빨강 화음을 연습하고 만약 초록과 노랑에서 시작한다면 초록과 주황, 초록과 빨강 화음 순서로 나가게 하자. 색도 인간의 감정처럼 서서히 다가가야 한다.

처음에 아이들은 색에 대한 자신의 본능적인 느낌에 따라 그림을 그리고 하고 두 번째는 색 화음을 통해 색이 서로 어떻게 관계를 맺는지 본다. 마지막으로는 중앙의 색을 교대로 바꾸고 주변 색들도 바꿔 가며 그린다. 그렇게 7세 이전의 아이들은 색을 꿈꾸듯이 색의 세상을 경험하고 그 이후의 아이들은 색의 질적인 차이를 인식하게 한다.

만약 창의성과 상상력이 부족한 아이에게는 모방의 힘으로 도움을 주어야 한다. 큰 종이를 준비하고 삼원색 연습을 시작하자. 먼저, 일부에 빨강을 칠하고 그 주위에 노랑과 파랑을 칠하면 어떻게 될지 질문한다. 같은 빨강 주위에 노랑과 파랑은 아이들이 어떻게 칠하느냐에 따라 각각 다르게 느껴질 것이다. 다음 과정의 연습에는 노랑을 중앙에 배치한 세 가지 색 그림을 그리게 하고 그 다음 순서에는 파랑을 가운데 놓는다. 그때마다 그림의 느낌이 다 다르고 색의 본성이 더욱더 분명해진다. 노랑에 이어 빨강과 보라의 연습을 한다. 또한 빨강을 칠하고 그 주위로 노랑과 보라를 그린다. 노랑과 빨강은 특징적인 배열인 반면 보라 옆의 빨강은 서로 너무 비슷하다. 하지만 세 가지 색이 함께 있기에 노랑과 보라의 관계가 조화를 이룰 것이다. 다음엔 노랑을 중앙에 놓고 노랑과 보라는 조화로운 배열이 되고 노랑과 빨강은 특징적인 배열이 된다. 이렇게 아이들은 어떤 색을 놓느냐에 따라 그림 전체가 달라진다는 것을 배우게 될 것이다.

마지막 가장 강력한 진정 효과를 지닌 초록에 대해 살펴보고 싶다.

만약 종이 전체를 연한 빨강으로 칠한다면 생명과 에너지가 시작한다는 의미일 것이다. 하지만 초록의 전체 속에 빨강은 아무런 힘을 발휘하지 못한다. 그리고 노랑과 파랑이 양방향에서 빛과 어둠의 힘을 끌고 와 빨강 바탕 위에서 다양한 방식으로 만나고 섞이겠지만 가장 아름답고 조화로운 그림의 느낌은 노랑과 파랑의 만남 뒤에 찾아오는 가라앉았던 초록이 생성될 때이다. 비로소 노랑과 파랑이 사이가 좋아져 보이고 친해진 느낌으로 조화롭다고 느끼며 바로 안정될 것이다. 그리고 초록에 분홍과의 색깔 배열이 생겨나면서 푸른 들판에 들장미가 피어나는 풍경이 만들어진다. 베일 페인팅 기법으로 발전할 수 있는데 계속 연한 분홍으로 점을 찍어 빨강이 될 때까지 진해지게 하고 그에 맞춰 초록의 색조를 조절한다. 그러면 들장미 그림은 빨간 덤불이 된다.

장미 외에 강렬한 양귀비, 섬세한 초롱꽃, 붓꽃, 해바라기도 좋다. 서로 강렬하게 상승 효과를 가지기도 하고 서로를 미약하게 만드는 조합까지 다양하게 관찰할 수 있다. 강렬한 빨강의 양귀비는 주변의 초록까지 강렬하게 하고 푸른 제비 고깔은 금방이라도 초록 속으로 사라질 것같이 느껴진다. 빛을 담은 식물의 표현은 '광채의 상'이라고 부르며 우리는 그렇게 늘 새로운 4계절의 변화를 맞이한다. 어떠한 스트레스로 마음이 정말 힘이 든다면, 하나의 방법으로 따뜻한 노랑 빛이 아주 좋은 날 주변에 흔히 볼 수 있는 초록으로 물든 산에 가 천천히 걷는 걸음으로 굳건히 서 있는 나무들을 보며 사색해 보는 것을 추천한다.

색깔 이야기

자신만의 객관적 사고 시작되는 시점의 9세가 되면 형태 요소로 깊이 있게 들어간다. 하지만 아직 사물이나 소묘의 성격의 모티브는 피하는 것이 좋다. 색깔 그 자체에서 그림의 모티브를 충분히 찾아야 한다.

교사는 수채화를 그릴 때, 스토리 텔링 기법으로 색을 전하도록 해보자. 예를 들면 자아도취에 빠진 연보라 소녀는 파랑을 한 번 보고는 휙 하고 지나선 옆에 있던 빨강이 되고 싶은 주황도 의식하며 빠르게 지나간다. 연보라는 자신을 과시하고 쉽게 동요되며 둥실둥실 떠다니며 콧대가 높다. 힘이 넘치며 성격이 생기발랄하지만 불 같고 건방진 빨강 또 셋 중 가장 차분하게 둘 다 감싸며 아래쪽에서 전체를 지탱하려는 겸손한 파랑 등으로 색 이야기를 해 준다.

색깔 이야기를 듣고 난 후, 모든 아이가 특정한 색을 만들고 그것을 희석해서 또 다른 모습과 톤을 가진 색을 만들 줄 알아야 한다. 건방진 빨강이 콧대 높은 연보라를 덥석 잡아채는 이야기도 좋다. 건방진 두 빨강이 얼마 안 가서 사이가 나빠졌고 둘 사이에 큰 싸움이나 내뿜는 커다란 한 덩어리의 무서운 빨강이 되고 연약한 연보라는 그것을 견딜 수가 없었고 자신의 예쁜 색이 물들까 봐 도망을 치게 되고, 겸손한 파랑은 겁에 질려 귀퉁이에 숨어 버리고 콧대 높은 연보라 어깨 위에 건방진 빨강을 얹는다. 겸손한 파랑은 아래쪽에 머물러 있고 빨강이 같이 놀 친구를 찾고 있는데 멀리서 눈부신 것을 발견한다. 빛나는 노랑이 다가와서 온 사방에 빛을 퍼뜨린다. 연보라는 노랑의 밝음을 견디지 못하고 위로 떠오른다. 하지만 건방진 빨강은 노랑의 품으로 날아가서 노랑과 친구가 되자 빨강의 건방짐은 사라지고 다정한 주황이 된다는 이야기. 이야기를 통해 작품이 완성되면 아이들에게 노랑이 연보라 근처에 왔을 때 어떤 기분이겠냐 등 반드시 질문한다.

이렇게 습득한 아이들은 색 이야기를 통해 연보라색의 느낌을 달리한다. 즉, 자연에서 봄의 라일락과 연보라색의 튤립을 연상하게 하고 불같은 빨강을 닮고 싶지만, 아직 부끄러워 용기가 없는 주황은 화려하지만 짧게 머물다 가는 저녁노을에서 볼 수 있다. 또 소심하고 마음이 넓은 겸손한 파랑은 어둡고 차갑다고 느낄 수 있지만, 자신을 드러내지 않고 묵묵히 그 자리에서 존재만으로도 웅장함까지 주는 하늘과 바다를 연상케 한다.

이런 연습은 아이들의 영혼을 움직이게 하고 색 자체를 그림의 주제로 삼으며 아이들은 색깔 속으로 들어가 자신의 감정 영역 속에서 색을 느끼고 형태를 만든다. 색채 연습을 계속하다 보면 체험이 계속 세분화되고 정밀해진다. 색이 주는 느낌을 시각화하면서 외적으로 활기를 띠는 동시에 내적으로도 생기 있고 유연해진다. 현대 문명에 해독제 같은 역할을 하고 다각도로 바라보는 통찰력을 가진다. 단순한 색 화음 연습에서 상상력을 담은 주제가 된다.

* 색깔 이야기는 기분 내키는 대로 흘러가지 않도록 주의한다.
* 하나의 색을 한 단어로만 묘사하지 않도록 한다.
   예 명랑한 노랑, 행복한 노랑, 빛나는 노랑, 당당한 노랑 등 파랑도 수줍은 파랑, 동경하는 파랑, 쌀쌀한 파랑, 내성적인 파랑 등이 있다. 평화로운 초록, 차분한 초록, 즐거운 초록, 신선한 초록이 있고 다정한 주황, 용감한 주황, 원기 왕성한 주황이 있으며 귀족적인 자홍, 찬란한 자홍, 위풍당당한 자홍이 있다.
* 괴테는 색이 불편하게 할 수도 있고 특히 노랑은 예민해서 쉽게 더러워 보이기 때문에 신중히 잘 다루도록 하자.

이렇게 색은 우리의 감정과 연결되어 있고 많이 닮아 있다. 빨강과 파랑의 만남은 우리의 감정 중 분노와 슬픔을 닮아 있고 이 둘의 의 강한 만남엔 진한 보라가 탄생되는데, 분노와 슬픔 뒤에 찾아오는 우울함을 나타내기도 한다. 우울한 부적 감정을 들키지 않고 가리기 위해 내면 속에 존재하는 하얀색의 커튼으로 가리려고 하는데, 자칫 이런 행동은 연보라 가진 특징처럼 곧 자아도취를 만들고 도도함과 우아함으로 나타나기도 한다.

색지에 그려도 될까요?!

* 색깔 있는 종이 위에 색을 칠할 때는 색을 굵게 강조해야만 하는 느낌이 강하다

빨강 바탕 위에 노랑을 칠하면 노랑의 찬란함을 잃고 주황색의 느낌을 가져 주황 같은 빨강이 된다. 빨강 종이 위에 파랑을 칠하면 파랑은 따뜻해지면서 보라가 된다. 하지만 색지(포르멘-형태 그리기에서는 사용해도 좋다)사용은 수채화 물감 작업에는 좋지 않다. 아이들이 직접 흰 종이에 한 가지 색을 만들게 하고 적당히 마른 다음 그림을 그리게 하는 게 좋으며 특징적인 배열에 속하는 노랑과 파랑을 경쾌하면서 찬란한 노랑과 빨강을 조용하면서도 축제의 분위기를 주는 화음을 칠한다. 특징 없는 배열의 색에는 노랑과 주황 그리고 파랑과 보라가 있으니 주의하기를.

동물학 스토리 텔링

동물학 수업은 활동적이고 아직 규칙적인 생활에 적응이 힘든 저학년에서 활용한다. 색이 형태를 취하고 색으로 동물의 본성과 특징을 표현하는 연습을 한다. 동물과 식물의 살아 있는 표현에 있어서 색 사용은 중요하다. 아이들은 동물을 그릴 때는 윤곽선부터 그리려 하는데 그러다 보면 정작 색을 빠뜨리게 되므로 테두리나 윤곽선을 먼저 그리지 않도록 지도하자. 또한 흰 동물이라 할지라도 색을 칠하지 않거나 공간을 남기지 않아야 한다. 주위의 색으로 살짝 입혀 줘야 살아 있다는 느낌을 가질 수 있다.

교사는 먼저, 아이들에게 좋아하는 동물은 무엇인지 또 직접 많이 관찰

하여 자주 취하는 자세나 좋아하는 음식은 무엇인지 물어보고, 그 동물이 좋아하는 환경은 어떻게 되는지, 그 환경에 필요한 색은 무엇인지 등을 같이 이야기하면 아이들 역시 그 동물은 어떤 색으로 표현하면 좋을지, 활동적인 동물에겐 어떤 색이 어울릴지 색깔에 대한 기억이 되살아나면서 잘 이끌어 표현하게 된다. 활기 넘치는 동물은 노랑 빨강 주황이, 조용한 동물은 파랑과 보라가 잘 어울린다.

그리는 방법:

도화지에 한 가지 바탕색을 칠한다. 교사가 바탕색 위에 다른 색을 칠하면서 형상이 들어갈 공간을 남겨 동물을 표현하는 방법을 보여 준다. 이것은 저학년 때 이루어지는 색 이야기 연습과 직결된다. 자신이 좋아하는 동물을 생각해 보고 그 동물이 좋아하는 환경을 표현할 색깔을 선택하고 그 환경 위에 동물을 표현하게 하도록 한다. 색의 수는 신중하게 선택하도록 돕고 3가지로 그 안에서 색을 직접 만들어 사용하게 한다.

- 들판에서 뛰어노는 사자: 색의 운동성을 보여 주는 좋은 예다. 루돌프 슈타이너의 교육적인 목표 중 하나가 사람들의 내면을 능동적으로 자극해서 창조적인 정신 과정 속으로 직접 들어오도록 일깨우는 것이다. 먼저 연한 초록부터 진한 초록으로 들판을 표현한다. 그 위의 사자의 색으로 정하는 색으로 살구색(본능)이나 황토색(퇴행) 등이 있는데 그 색이 주는 상징성과 자극은 아동에게 바로 흡수가 되기에 신중한 선택을 하도록 하자.

- 파다 속 오징어: 연한 진빨강으로 전체를 칠한 다음, 색이 종이에 스며들면 도화지 위쪽부터 진한 파랑으로 물결 속 오징어가 나타날 것이다. 오징어가 위험을 피하려고 먹물을 뿜어 진한 보라-파랑의 구름으로 몸을 감싸는 순간을 그려 볼 수 있다.

- 금붕어: 도화지 전체를 진청으로 고르게 칠하고 강하지 않은 노랑으로 물결 모양으로 붓질을 칠하다 보면 물결이 생기고 물결과 물결이 겹쳐지는 부위에 물고기 형태에 주황을 칠하거나 붓의 물기를 닦아 물고기를 그려 넣을 공간을 남겨 금붕어와 지느러미를 그려 넣는다. 그리고 물감이 어느 정도 마른 다음, 파랑을 주위에 칠하여 물고기를 다시 바다로 돌려보낸다. 백조나 오리처럼 물 위에 헤엄치는 동물을 그릴 때도 공간 남기기 기법을 사용하면 좋다.

식물학 스토리 텔링

식물학 수업은 과학과 예술의 연계 수업으로써 식물의 생성 과정과 필수 요소 등을 공부한다. 식물이 자라는 환경에 필수적인 빛과 수분 그리고 영양분이 많은 촉촉한 땅을 표현할 때 선택되는 색은 노랑과 파랑이다. 따뜻한 노랑은 빛이 되고 차가운 땅의 기운은 파랑이 되는데 그 땅속의 에너지와 영양분을 연한 빨강으로 색칠하면 3가지 색이 섞여 갈색이 생성된다. 이 갈색은 작은 씨앗의 발아 과정으로 표현되는데, 여기에서부터 새싹이 땅을 뚫고 세상 밖으로 나온다. 갈색 속에서 탄생한 연한 초록색 씨앗 형상은 점차 조금씩 모습을 드러내고 진정한 초록색의 줄기로, 줄기에서

각기 다른 형형색색의 꽃으로 잘 자라게 된다. 그렇게 자연을 품은 식물은 아이들에게 자연을 품게 하고 내적 해방감과 자유를 준다.

빛을 상징하는 색인 노랑이 도화지 위쪽 태양이 위치한 곳에서 어둠을 상징하는 파랑을 향해 밑을 향해 내려온다. 파랑은 아래쪽에서 빛을 만나기 위해 조금씩 조금씩 소심하게 올라간다. 따뜻한 빛의 상징인 노랑과 수줍음이 많은 어둠의 상징인 파랑이 만나는 곳에서 모든 것을 생성시키는 식물의 상징인 초록이 생겨나지만, 아직 형태가 뚜렷하지는 않다.

그런 다음에는 위쪽의 스스로 강한 빛을 만들지 못하는 노랑에게 더 따뜻한 힘을 주는 주황을 너무 강하지 않게 덧칠한다. 초록 가까운 곳에는 강하지 않은 순수한 노랑의 공간을 약간 남겨 둔다. 빛이 강하지 않은 이 부분에서 새싹이 피어나기 시작하고 하지만 아직 구체적인 형태는 보이지 않는다. 위쪽 황금 노랑은 더 이상 밑으로 빛을 내보내지 않는다. 이제는 자연스럽게 살아 있는 변화가 일어나야 하기 때문이다. 약간의 주황을 아래쪽 파랑 위에 칠하면 갈색의 색조가 나타나는데 이것은 땅의 기운을 남긴다.

노랑과 파랑에서 출발해서 여러 가지 방법으로 다른 초록의 나무들을 그려 보자. 연한 노랑의 작은 점을 사방에서 비쳐 오듯 흰 종이 위에 찍는다. 이 빛을 조금씩 중앙이나 한쪽으로 치우치게 집중시킨다. 조금씩 공간을 띄우고 이곳저곳 색을 진하게 하면 자작나무가 생겨날 것이다. 중간 아래쪽에는 나무둥치가 들어갈 공간을 남겨 둔다. 연한 진청을 노랑으로 칠한 나무 형체 위에 작은 점으로 골고루 칠한다. 이제 빛에서 자라난 것 같은 자작나무의 초록이 모습을 드러낸다. 하얀 나무 둥치에 푸르스름한 보라를 진하고 연하게 여기저기 칠한다. 연한 빨강과 연한 남색을 나무 꼭대기 주위에 둥글게 덧칠해 주면 색이 훨씬 아래쪽으로 응축될 것이다.

그리는 방법:

• 민들레: 잎과 황금색 꽃을 어떻게 그려야 할지 모른다면 민들레는 줄기가 없고 잎이 뿌리에서 뭉쳐 옆으로 퍼진다. 곧고 긴 뿌리를 그리는 데 관심을 가져야 할 것이다. 민들레의 꽃말은 행복과 감사이다. 사랑하는 사람의 깊은 마음과 주는 행복에 항상 감사해야 할 것이다. 그런 마음을 색을 통해 표현해 보자. 이런 색깔 연습을 통해 꽃이 피어나는 과정을 한 단계씩 따라가다 보면 자연 요소의 상호 작용을 단순히 말로 설명하는 것보다 더 생생하게 느낄 수 있다.

어두운 흙의 영역이 있는데, 대지 깊은 곳에서 식물은 뿌리를 내리고 싹을 틔우는 데 필요한 물의 요소인 파랑에서 초록이 자라나고 그것이 확장되면서 노랗게 밝아지고 불그스름하게 따뜻해진 공기 요소 속으로 펼쳐진다. 아이들은 봄에 빨간 씨앗에서 초록 잎이 되는 식물을 관찰하기도 한다.

종이 전체를 연한 진빨강으로 칠한 다음, 초록을 칠하는 연습을 한다. 그 위에 노랑과 파랑으로 초록을 그린다. 갈색의 땅의 기운과 초록으로 변하는 과정을 관찰하면서 아이들은 색 안에서 경이로움을 느낀다.

• 장미: 처음 노랑-파랑으로 초록을 만들었던 연습의 확장으로 식물이

자라는 환경에 필수적으로 필요한 빛과 물, 양분 등을 설명하고 식물이 자라는 순서대로 표현하게 한다. 장미는 여러 개량 품종이 많은 관상 꽃나무로 여러 분위기로 그려 보자.

장미는 열정과 사랑을 의미하는데 저학년 수업에서 그리스 신화에서 장미가 탄생한 이야기를 들려주면서 꽃 중에 유일한 가시가 있다는 것을 전달하고 표현하게 한다. 바탕을 칠한 뒤, 꽃이 올 부분은 아주 연하게 남겨 두거나 연한 노랑으로 부분부분 살짝 칠하면 나비처럼 하늘하늘한 들장미가 나타난다. 다른 수업에는 빨강으로 바탕을 칠할 때 어느 특정한 부분만 진하게 강조하기도 한다. 장미 그림에서는 주황을 쓰지 않는 것이 좋다. 뿌리를 그릴 때도 진빨강을 사용해서 땅의 어둠 속으로 보라가 나타나게 한다. 줄기와 가시, 잎이 시작되는 부분의 초록 위에도 진빨강을 살짝 덧칠한다. 이때 장미의 특징과 뾰족한 가시의 성질을 잘 살릴 수 있다.

윗부분에 노랑을 강화시키면 꽃 주변이 환하게 빛이 나 귀여우면서 밝은 느낌을 주고 밑 부분에 보라와 파랑을 대조하여 강화시키면 장미는 저 높은 곳의 힘과 깊은 곳의 힘이 하나로 연결하여 우아하고 고귀한 느낌을 줄 것이다. 이때 나타나는 과하지 않은 초록 속에 빨강은 아이들의 성적 호기심을 자극하고 건강하게 시킨다.

- 백합: 적절한 분위기의 색깔 화음을 잘 찾아야 한다. 백합은 고귀한 우아함을 나타내고 하얗다. 고학년 학생들에게 추천한다. 7월 여름 하늘의 파랑을 배경으로 핀 별처럼 성배 모양의 꽃을 마음에 그리면 지상을

초월하는 느낌을 떠올리게 된다.

남색을 연하게 종이에 칠하여 분위기를 만들고, 꽃을 표현할 부분은 남겨 두고 줄기와 잎 부분에 파랑을 조금 더 진하게 칠한다. 남색 위에 노랑을 덧칠하면 가라앉은 초록이 나올 것이다, 꽃 부분에 노랑을 살짝 칠해 주면 하양이 환하게 빛을 발한다.

달빛을 받은 백합은 신비롭기도 하다. 모든 색을 좀 더 진하게 하고 꽃 부분에는 연한 연보라를 조금 입혀도 좋다. 그렇다면, 전체적으로 어둑하지만 고결하고 더욱 신비로운 느낌이 들 것이다.

- 수련: 종이는 가로로 놓아 넓고 깊이 있게 표현하도록 돕는다. 푸른 수면 위에 중심에는 하얀 꽃이 피게 하고 그 모습은 깨끗하고 청순하도록 한다. 주위로 짙게 뻗어 나가는 초록은 둥글고 납작한 잎이 있다. 하지만 초록색은 눈에 띄지 않는다. 파랑과 빨강의 조화로 보랏빛 어두운 밤하늘 아래에서 하얗게 비워진 수련은 그 자리에서 꽃망울을 터뜨리기 직전이다. 백합과 수련 그림에서 초록의 역할은 부수적이며 지배적인 색은 하양과 파랑이다.

Tip & Talk

아동 발달에 따른 미술 교육 방법

- 0세~7세: 강한 모방의 힘으로 삶에 적응한다.
* 0~7세까지는 규칙 NO, 모방을 통한 창의적 활동과 신체 발달 활동 YES

두 살이 넘어가면서 집이나 길바닥이나 벽 등 어디서나 기분 내키는 대로 낙서하고 색칠한다. 여건이 허락하는 한 아이들에게는 당연히 존재하는 것이다. 이 시기는 창조적 활동이 수업의 형태가 아니라 우선 아이들의 모방 능력에 기대어 스스로 그 활동에 참여하고 싶은 마음을 불러일으키는 방식으로 진행된다. 수채화에서도 준비 단계에서 상당한 시간이 소요된다. 아이들이 준비를 스스로 하게 하는 게 좋다. 아이들이 색을 만나는 경험을 가장 중심에 놓고 있기에 최대한 여유롭게 하는 게 좋다.

아이들은 모든 것을 지켜보고 있다. 선생님이 붓을 어떻게 쥐고 손에 힘은 얼마나 주는지, 붓을 물감 통에 담갔다가 통 가장자리에서 살짝 짜내는지, 다른 색을 찍기 전에 붓을 물에 깨끗이 빠는지 등 관찰하는 것이다. 이 과정에서 색이 빠져나가면서 다른 색과 만나기도 다른 색에 끼어들기도 하는데 그 과정에서 우연한 문양과 형태가 나타나기도 한다.

가능하다면 이런 아이들의 작품에는 수정해 주지 말자. 지금 아이들이 하는 행위에 어른들은 의식적인 주의를 기울이지 않아야 가장 잘 표현하고 배울 수 있다. 가장 창의적이고 독특한 그림이 가장 많이 나오는 시기이기 때문이다. 어린아이일수록 어른들의 내적인 감정에 더욱더 영향을 받는다(지적 금지!).

7~14세: 규칙적이고 사실적인, 도덕적인 감성

입학 전 아이들은 제약 없이 자유롭게 움직이다가 학교에 입학하고 나면 과도기를 잘 넘어갈 수 있도록 다양한 리듬 활동과 특정한 형태를 따라 움직이는 놀이를 통해야 한다. 규칙적인 선 그리기는 학교생활에 많은 도움이 되고 활동 방법으로는 밖에서 안으로 들어가는 나선형 그리기(길을 잘 따라가야 달팽이 집에 들어갈 수 있다는 그림으로 아이들에게 설명)나 발로 걸어 본 다음 손으로 허공에 나선으로 그려 보게 한 후, 자리에 앉아 종이에 그림을 그린다. 교실 바닥과 허공에 그림을 그렸던 형태의 움직임을 네모 크레용으로 종이 위에 선으로 그려 본다. 이때 눈으로 그 움직임을 계속 따라가면서 흐름을 느낄 것을 계속 상기시킨다. 이런 연습은 아이들의 의지, 감성, 표상이 조화를 이루게 해 준다. 본능에 따라 움직이려는 충동이 진정되고 의지와 느낌으로 경험한 내용을 생각 속에서 상으로 떠올리게 한다.

학년별 회화 수업

1~3학년

수채화 도구를 나눠 준다. 1학년에게는 화판, 스펀지, 물병을 하나씩 책상 위에 나눠 준다. 수채화 수업은 5년까지 습식 수채화 기법을 진행한다. 큰 물통에 담가 놓는 게 좋다. 화판에 놓인 종이는 공기 방울이나 구김 없이 매끈한 상태여야 한다. 접착테이프를 고정해도 좋다. 물기는 중앙에서 바깥쪽으로 스펀지로 톡톡 두드려 살살 밀어낸다.→여기까지 준비하면 붓을 나눠 준다. 2~2.5cm의 납작한 털이 짧은 붓을 사용한다.→물을 섞어 희석한 물감이 든 병을 두 명에 하나씩 나눠 준다.

　* 물감이 책상에 놓이면 아이들은 기대감으로 부푼다. → 다시 한 번 시나 도입을 위한 짧은
　　 이야기로 아이들을 집중시킨다. → 어떤 그림을 그릴지, 붓을 어떻게 움직여야 되는지 반
　　 복해서 보여 준다.
　** 가장 좋은 방법: 마른 붓을 이용하여 자기 손등에 쓰다듬어 붓질의 느낌을 직접 가져 본다.
　　 시간이 지나면서 붓질을 어떻게 움직여야 아름답고 고르게 칠할 수 있는지 스스로 터득하

게 될 것이다.→그림이 다 마르고 난 후, 아이들과 그림에 관해서 이야기를 나눠 본다.

* 서로의 그림을 감상하면서 사회적 관계를 나눈 시간은 대단히 중요하다. 그 중에서도 자신의 느낌을 말로 표현하면서 자연스럽고 살아 있는 말하기 연습을 할 수 있으며 그 효과는 다른 영역까지 미친다.

4~6학년

이 시기의 아이들은 주변 환경과 새로운 관계를 맺는다. 의식적으로 주변을 관찰하고 자신을 주변과 점차 분리시키고 지금까지 당연하게 생각해 온 것들을 새삼 놀라운 눈으로 바라본다. 감탄한다는 것은(경이로움을 느끼는 것) 자신만의 영혼 세계에서 살던 아이가 이제 주변 세상에서 일어나는 다양한 현상들을 좀 더 의식적으로 파악하기 시작하는 하나의 징후다. 죽은 형상만 보게 하면 안 되고 그것을 창조한 형성력을 인식하게 해 주어야 한다. 저학년에서 그려 본 각지고 둥근 형태를 주변 환경을 관찰하면서 그와 비슷한 형상을 발견한다. 이를 통해 형상의 세계에서 자연의 창조력을 만난다는 사실을 재확인한다.

이때 교사는 자연의 형상을 이해시켜 주어야 한다.

공기의 존재	* 새의 부리: 뿔 같은 단단한 재질에 끝이 뾰족하다. * 새의 깃털: 수분기가 없고 가볍고 속이 비어 있다. * 수시로 자세를 바꾸어 자유롭게 움직임
물의 존재	* 물고기의 입: 둥글고 부드러운 아가미 * 물고기는 물속 생활을 위한 하나의 자세, 그것도 완전한 수평에 국한, 큰 파도에 의해 움직일 뿐.

동물마다 가진 아름다움은 주변 환경에 존재하는 형성력에서 나온다. 자연에 깃든 창조력을 지각하게 될 때, 죽은 물질주의를 극복하고 예술에 필요한 영감을 얻는다. 자연의 상과 정신 활동의 영역을 연결하는 다리 역할을 한다.

이때부터는 내면을 향하던 아이들의 시선이 외부 주변으로 돌아서는 급격한 변화의 시기로 전형적인 주제가 나무가 된다. 나무의 뿌리는 땅속에 있지만 잎은 대기 속에서 활짝 펼치고 주변의 힘을 받아들인다. 빛과 어둠을 그린 다음, 빛에서 나온 색이 그 색이 가진 빛과 어둠의 특성에서 나무가 생겨나게 된다. 색은 빛에 의해 생긴다. 나무에 비치는 햇살이 만드는 유색의 빛과 그림자의 상호 작용 속에서 만들어진다. 햇빛이 어떤 방향에서 나무에 비칠 때 어떤 일이 일어나는지, 빛이 닿지 않는 부분에선 얼마나 푸르스름해지는지, 초록이 보이는 부분은 어딘지, 짙은 그림자가 드리워지는 부분은 어딘지 등을 분명히 알아야 한다. 인상주의 화가들을 생각할 수도 있다. 인상주의 화가들은 자연 풍경에서 색의 순간적인 작용을 연구하고 포착하려 했다.

나무는 흙의 힘과 태양에서 내려오는 빛의 힘이 협력하고 습기와 따스한 공기가 어우러진 대기 속에서 생겨난다. 나무를 어떻게 배치하는지에 따라 지루한 그림이 될 수도, 개성 있는 그림이 될 수도 있다. 그 차이를 경험해 보아야 한다. 나아가서는 '한해살이' 나무를 그려 보는 것도 좋다.

여기에는 특징적인 배열이 적당한데 봄, 여름, 가을, 겨울의 나무를 표현해 본다. 짙은 푸른 하늘을 배경으로 무겁고 물질적인 느낌을 주는 나무의 초록이 따뜻한 햇살 속에서 반짝이고 거센 비바람 속에서 나무가 이리저리 흔들릴 때 어둠 속에서 번개가 번쩍 빛나는 자연을 그려 볼 수 있다.

7~9학년

6학년 초반 수업의 중심에는 목탄으로 하는 흑백 소묘다. 빛과 어둠이 지닌 특질을 지각하는 법을 배운다. 이 시기에는 습식 수채화보다 라주어 기법을 활용한다. 예) 베일 페인팅(색을 겹겹이 입히는 기법)

베일 페인팅 작업 전 준비 상태- 따뜻한 계절, 비 오는 날을 피한다.

종이가 완전히 마르고 팽팽해져야 하며 원칙을 익히고 그것을 꾸준히 지켜 내는 끈기가 필요하다. 일주일 정도 매일 베일 페인팅을 해 주는 것이 좋다. 색은 가벼운 색조와 붓질로 좁은 면적 혹은 넓은 면적에 아주 연하고 섬세하게 칠한다. 붓에 물감을 적게 찍을수록 또 물감을 완전히 다 쓴 다음에 새로 물감을 찍는 것이 좋으며 한 작품을 오래 할수록 좋다. 한 부분에서 다음 부분으로 옮겨가면서 도화지 전체를 작업한다. 이쪽에서 시작해서 저쪽 끝에 닿을 즈음 처음 칠했던 부분이 마르게 된다. 아직 축축한 상태일 때는 절대로 그 위에 색을 칠해서는 안 된다. 습식 수채화 기법으로 그릴 때는 순식간에 색이 강렬한 인상이 만들어지지만 겹쳐 칠하는 베일 페인팅에서는 연하고 섬세한 색이 차곡차곡 쌓이면서 아주 서서히 진행된다.

그림이 마른 뒤에도 색은 투명함과 광채를 잃지 않는다. 하나의 색을 무수히 많은 색조로 표현할 수 있다. 지리학 수업에서 좋은 소재를 얻을 수 있다.

① 아시아

몇 번의 붓질로 지극히 평온하고 신비로운 풍경을 만드는 중국과 일본의 전통 회화를 소개한다. 두 나라는 아주 연한 회색부터 짙은 검정까지 6단계의 농담으로 이용→여러 가지 농담을 단순한 형태로 칠하면서 풍경→수채화의 응용(예-달빛)

② 습식 수채화→수묵화 연습(빛과 그림자 연습) 단색 물감을 응용(파랑으로 시작: 겹겹이 결이 다 보이도록)→라주어 페인팅: 충분한 기술과 자신감을 가졌을 때 시작, 감당할 수 있을 만큼 성숙했을 때, 훨씬 섬세하고 미묘한 표현력 향상→습식 수채화

동양 수묵화는 허공에 떠 있는 것 같은 분위기를 담은 아주 시적인 풍경화가 나오기도 한다.

이 시기의 아이들은 감성적이고 분위기가 중요한데, 이 시기에 알맞은 회화의 주제로는 일출과 일몰 그리고 달밤의 분위기를 표현해 보는 것은 주변 환경과 나 자신의 일체감을 주기에 도움이 된다.

일출과 일몰의 표현은 종이의 맨 아래 중앙부터 시작해서 차례대로 주홍, 주황, 노랑의 순서로 위쪽으로 반원을 그리면서 올라가게 된다. 마지막으로 노랑은 위로 갈수록 점점 옅어지다가 연한 파랑으로 끝난다. 다른 종이에는 다른 연속된 색을 위에서 아래로 반원을 그리며 칠한다. 짙은 보라와 파랑에서 파랑으로, 파랑은 점점 옅어지다가 청옥색이 된다. 마지막은

연한 주황으로 마무리한다. 모두 맨 아래는 단조롭고 길게 이어지는 회색으로 끝낸다. 하나는 따뜻한 색의 흐름이고 다른 하나는 차가운 색의 흐름이다. 양극성이 병치하면서 색채감이 극대화되는 것을 관찰할 수 있다. 자연 현상을 떠올리게 된다. 색이 강렬한 움직임을 보여주는 것은 중요하다. 빨강과 노랑은 위를 향해 뻗어 올라가는 움직임을, 보라와 파랑은 아래로 뻗어가는 움직임을 보여 주는데 이는 들숨과 날숨이라는 호흡의 리듬을 발견하고 사춘기의 감성에 도움을 준다.

달밤의 분위기는 아이들의 다양한 시도와 밤하늘에 관심이 집중되면 주제에 도입한다. 달밤의 분위기로 빛이 있으면 그림자가 있듯이 낮이 있으면 밤이 있다. 인간의 양가감정, 또는 극적인 대립을 이해하듯 아이들은 해를 그리고 달을 표현하고 싶어 한다. 전체성의 감각이 살아 있다는 신호다. 낭만적인 아이들에게 달이라는 주제는 예술적인 상상력을 마음껏 펼쳐 볼 기회다.

10학년

인간에 대한 애착이 형성되기 시작하면서 우정은 삶에서 중요한 부분을 차지한다. 관찰을 넘어서 행동과 이상의 실현으로 나아가야 하는 방법을 찾아야 한다. 15~16세 아이들에게 주변 환경에 대한 적절한 흥미가 일깨워지지 않는다면 평생 지속할 수 있는 종류의 관심을 갖는 것이 불가능하다. 색채의 세계에는 16~17세 아이들의 복잡한 영혼 상태를 표현하기에 아주 적합 때이므로 다시 회화로 돌아간다.

손으로 하는 작업은 연습하면 누구나 잘할 수 있다. 하지만 의욕을 앞세우는 것은 위험하다. 처음에는 한 가지 색으로만 한다. 스펙트럼에서 가장 어두운 색인 파랑은 연한 하늘색부터 짙은 암청까지 빛과 어둠을 가장 다양하게 표현할 수 있다. 파랑에는 형태를 창조하는 힘이 있고 다른 어떤 색보다 구조를 만들기가 용이하다. 엄격히 규칙과 원칙을 잘 지켜야 하고 상상력도 가져야 한다. 마른 부분에만 색을 입히고 먼저 칠한 색깔 층이 뭉개지지 않도록 해야 한다. 높은 차원의 의식에서 진행해야 하고 모든 과정이 깨어 있는 관찰과 숙고, 계획, 숙련된 기술이 이루어져야 한다.

습식 수채화 기법의 자유로운 움직임과 광채와 투명함, 자연스러운 색 연결의 장점을 가진 기법이 있을까'라는 질문이 생기는데 여기에 건식 수채화 중 하나인 '베일 페인팅' 기법이 있다. 베일 페인팅 기법은 빽빽한 색의 층에 투명하지만 느슨하게 하지만 그 안에서도 움직임이 들어가 있다. 매끈하고 고른 면으로 색을 칠하는 대신에 짧고 가벼운 붓질을 이용해 변화를 주는 동시에 칠하는 물감의 농도를 다양하게 하는 것이다. 면과 면을 명확히 분리하지 않고 부드럽게 연결할 수 있다. 먼저 칠한 면이 뭉개지지 않도록 바로 옆에 붓질을 해 산만해 보이지 않도록 주의를 기울인다. 많은 끈기와 인내심이 필요한 건식 수채화인 베일 페인팅 기법은 밝음에서 어둠으로 나아가 철학적 사고와 개념을 가지기에 상급반 학년으로 갈수록 좋다. 색이 겹쳐지는 층의 수를 줄여 밝게 하거나 몇 겹을 더해 진하게 응축함으로써 미묘하게 다른 느낌을 준다.

파랑 위의 노랑, 노랑 위의 파랑의 느낌은 질적으로 차이를 만들 수 있다. 파랑과 빨강이나 빨강과 노랑의 화음은 다양한 색조의 보라와 주황으로 전혀 다른 느낌이 될 것이다.

마지막으로 빨강과 노랑, 파랑을 모두 사용하면 어떤 색과 섞느냐에 따라 깊이와 느낌 등 무궁무진하게 다르게 표현되어 나타날 것이다. 베일 페인팅 기법으로 인물화를 그리게 되면서 상호 관계를 이해하고 표현하면서 타인과의 관계를 증진시킬 수 있어 중요한 의미를 주는 수업이 된다.

흑백 소묘를 하면서 쌓은 경험을 바탕으로 빛과 어둠의 상호 작용에서 색을 탄생시킨다. 또 이는 10학년의 미술수업과 자연과학 수업에서 광물의 광채로 연결되어 자연에 깃든 정신과 영혼, 생명의 힘을 표현할 토대가 된다.

흑백 그림을 유색 그림으로 바꾸는 연습은 인간의 본성이 무의식에서 계속하고 있는 행위를 현실로 보여 주는 것이다. 흑백의 그림은 절반의 진실이고 현실에 온전한 색이 있기 때문이다. 흑백은 색을 추구한다. 색은 스스로 형태를 추구하기에 모티브를 재현하지 않도록 주의한다. 그리고 아이들의 과제는 그 내재된 색채를 눈에 보이게 하는 것이다. 빛과 그림자, 명암의 차이를 색으로 바꿔야 한다. 빛이 환할수록 그림자가 잘 드러나듯이 따스한 빛에는 차가운 그림자가, 차가운 빛에는 따스한 그림자가 온다. 유색의 빛과 그림자의 상호 작용에서 색채 구성이 이루어지는데 그 뿌리는 흑백 구조에 있어야 한다.

학년이 올라갈수록 예술 능력의 발현 현상이 더욱 뚜렷해진다. 흑백그림에서 유색 색채 구성으로 올라갈 때 전적으로 아이들이 알아서 하도록 내버려 둔다. 이런 자유로운 과제에서 작품이 나오기도 한다. 자유롭고 창조성을 자극할 수 있는 수업 분위기가 중요한데, 성인들은 스스로의 자아에 원동력이 있고 청소년들은 외부의 자극이 필요한데 이때, 교사의 따스함과 열정에서 힘을 얻는다. 이 경험이 나중에 어른이 된 다음에도 자신을 이끌고 나갈 원동력이 될 것이다. 수업 시간의 모든 요소에서 '살아 있는 예술'과 연결해야 한다는 것이다.

11학년

현상 관찰에 바탕을 둔 발도르프 수업은 자연은 비밀로 가득 차 있으면서 오직 예술로 접근할 때만이 그 신비를 드러낸다고 한다. 자연은 결코 절대적이지도 않고 고정된 것도 아니다. 자연의 형상은 셀 수 없이 다양하다. 자연 과학에 대한 폭넓은 지식을 습득하면서 장녀에 대한 예술적 감각을 키운다. 10학년 자연 과학 수업의 중심은 지구의 광물, 11학년에서는 식물을 배우면서 환경과 지리적 특성 그것이 하루와 계절이라는 우주적 리듬 속에서 차지하는 역할에 관심을 기울이게 되고, 12학년에는 동물계를 포괄적으로 배우고 인간에 대한 상을 이끌어 낸다.

- 저학년-색채로 아이들의 영혼을 경험
- 상급 과정-자연이 주는 인상, 순수한 예술적 구상
- 8학년까지- 순수한 색으로 형태를 가진 그림

꽃을 주제로 하는 수업은 식물학의 연장선으로 5~6학년 때도 다루었지만 11학년에도 한창 꽃이 만발할 때는 그려보는 것도 좋다. 초록은 모든 생명을 얻을 수 있는 자원으로 다른 색에 존재하는 아름다움의 바탕이 된다. 괴테의 색상환에서 알려 주는 노랑과 파랑의 혼색이고 이 두 색은 궁극적인 통합의 색이다.

초록과 빨강(보색) 그리고 노랑과 파랑은 같은 뿌리에서 나온 것이다. 초록은 생명이 죽은 상이고 빨강은 생명의 광채라고 했다. 바로 식물의 세계가 상징하는 생명의 요소다. 식물이나 사람의 피부색을 표현할 때 초록을 많이 사용하게 되면 아프거나 죽은 느낌이 들 것이다. 하지만 빨강의 조화로운 사용으로 다시 생명은 탄생된다.

12학년

인간의 피부색의 원리를 알게 되는 12학년의 교과 과정을 보면 인간과 연결된다. 이 과정에서의 아이들은 충분히 성숙해야만 한다. 색의 영역 역시 신비로운 방식으로 인간과 연결된다. '영혼의 살아 있는 상으로 복숭아 색'은 어린아이에게서만 순수한 형태로 나타난다. 인간의 얼굴을 주제로 선택한 아이들은 스스로 '인간이란 무엇인가?' '나는 누구인가? 누가 내 이웃인가?'라는 질문을 던진다. 이처럼 내적 본성과 존재의 발현에 도움을 준다. 인간에 대한 우리의 자각은 흐릿하고 불투명하다. 두상을 그리려고 붓을 드는 순간 이 사실이 분명해진다.

그림 안의 있는 빛과 그림자를 주의 깊게 살펴보자면, 레오나르도 다빈치의 '최후의 만찬'에서 왼쪽 네 번째 위치한 유다의 검은 얼굴과 그리스도의 밝은 얼굴은 나머지 11명의 얼굴빛으로는 빛과 어두움의 상호 관계로는 이해가 되지 않는다. 배신자의 드리워진 검은 그림자와 그리스도의 밝은 내면에서 오는 참된 인상은 엄격한 예술가의 원칙을 스스로 어긴다. 예수 안에 존재하는 영혼이 내면에서 스스로 빛을 발하기 때문에 외부와의 빛의 조건에 상관없이 빛난다. 화가는 인간의 내면과 외면을 모두 표현할 수 있다는 사실에 대한 멋진 예를 보여 준 것이다.

이런 수업으로 아이들은 두상의 연습을 하게 되는데 처음은 빛을 상징하는 노랑과 공간성과 강박적 형태인 파랑의 형성으로 점차 빨강 그리고 보라 등 추가하면서 베일 페인팅의 기법의 효과로 두상이 인간 전체의 축소판이라는 것을 보여 주는 인간학의 수업이 된다. 이마와 두개골 위쪽 둥근 부분에서는 머리의 고유한 형태로 눈과 코가 있는 중간 부위는 인간의 가슴 영역과 연결되고 턱은 사지와의 연관성을 가진다는 것을 깨닫는다. 파랑의 부드럽고 내향적이며 뭉치고 단단해지는 경향이 능동적 보라로 전해지면서 형태를 가지는 힘도 증가한다. 파랑→노랑→주황의 색깔 배열로 연습한다. 따뜻한 색은 안쪽에 차가운 색은 가장자리 쪽에 배치한다.

목표는 색의 조화이며 밝음과 어둠, 안과 밖, 차가움과 따뜻함처럼 대조되는 요소로 균형을 맞추는 것이다. 마지막 작품은 자유롭게 스스로 선택할 기회를 준다. 큰 도화지는 넓고 납작 붓을 선택할 수 있는 여지를 주고 움직임의 폭은 넓어지는 것도 개별적인 창조성을 북돋워 주는 역할을 한다. 아이들의 고유성과 개별성, 잠재력을 항상 염두에 두고 교사는 항상 관심과 칭찬을 하도록 한다.

기질에 따른 치유 작업

• 우울이 강한 기질의 아동은 수업 중에 어떤 생각이나 느낌에서 헤어 나오기 힘들다. 강박적 사고에 빠지기 쉽고 경직되기 쉽다. 색이 고립되고 단단해질 수 있어 '조화로운 배열' 연습이 필요하다. 종이 한쪽 면에 노랑을 타원 형태로 칠한 뒤 파랑이 그 아랫부분을 감싸며 반대쪽을 향해 확장하라고 한다. 빨강은 노랑보다 조금 더 위에서 아래를 향해 다가오면 노랑과 겹치는 지점에서 주황이 나타난다. 빨강의 물결은 계속 아래로 내려가면서 파랑의 일부를 덮고 파랑은 연보라로 변한다. 노랑과 파랑이 만나는 지점에서 둘은 섞이면서 초록이 되는데 색이 전환되는 부분에서 조심하게 칠해야지 색이 조화로운 배열을 강화할 수 있다.

　이 연습에서는 빨강에서 시작해서 노랑으로 감싼다. 노랑은 반대편에서 파랑과 만나 초록을 만들고 초록은 빨강과 경계를 마주하게 된다. 다른 색들이 겹치는 곳에선 연보라와 주황이 생겨날 것이다.

　마지막 연습은 파랑으로 시작한다. 노랑이 파랑을 감싸고 그 속으로 빨강이 들어가면서 노랑은 주황이 된다. 이 경우에 주황이 파랑과 맞닿으면서 조화로운 화음을 만들고 다른 색들이 만나는 곳에는 연보라와 초록이 만들어질 것이다.

• 점액질이 기질의 아동은 신진대사에 영향을 많이 받는다. 새로운 생각을 받아들이는 시간이 오래 걸리며 기억을 오래 가지지 않는다.

　물이 너무 많고 형태가 불분명한 경우가 많은데 소묘에 가까운 연습이 먼저 필요하다! 고리 형태를 그리는 것도 도움이 된다. 시작은 노랑으로 하는 것이 좋고 넓은 붓으로 커다란 8자를 그리고 윗부분은 열어둔다. 공간을 조금 띄우고 파랑으로 똑같은 형태를 그린다. 노랑과 파랑이 겹치는 가운데 부분에서 초록이 만들어진다. 초록은 고리 안으로 아주 섬세하게 번지고 노랑과 파랑이 만나는 경계선에선 위쪽으로 퍼진다. 다음엔 빨강이 온다. 빨강 역시 위에서 시작해서 교차점을 지나가게 그려야 한다. 빨강이 파랑과 겹쳐지는 지점에선 연보라가 생겨나고 또다른 고리 하나가 만들어진다. 이 고리는 주변의 공간으로 확장된다. 이렇게 모든 색과 선은 이어지고 하나가 된다.

Tip& Talk

종이에 물기가 많거나 붓에 물감을 너무 많이 찍는 아이들이 있는지 살펴보아야 한다. 그렇지 않으면 모든 색이 뒤죽박죽 섞여 버릴 것이다. 교육적-치유적 연습으로 1, 2학년 교사들은 색깔 연습을 많이 하면 좋다.

iv. 파스텔화

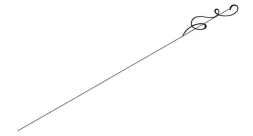

파스텔은 다루기 어려운 매체이다. 잘 부서지기도 하고 가루가 많아 색이 쉽게 더러워진다. 하지만 파스텔이 가지는 특징과 효과는 손끝 감각으로 섬세한 감정을 향상시켜 준다. 색 발색이 아주 뛰어나고 수정도 쉽다. 파스텔 매체 하나로 문지르고, 그리고, 긁어낼 수 있는 다양한 방법을 구사할 수 있어 다루는 방법에 따라 다양하게 나타나 재미가 있고 몰입력이 있다. 색의 톤이 밝아 아동들의 밝은 생각과 감정을 나타내기 좋다. 또한, 색의 섬세함과 감각의 부드러움을 가져 감정과 신체의 조화로움을 도울 수 있다. 그래서 저학년의 크레파스 사용 이후에 사용하는 것이 좋다.

불안감과 강박이 있는 아이, 촉각 형성에 어려움이나 문제가 있는 아이, 용기나 무서움이 많은 아이와 물감 사용을 두려워하는 아이들에게 파스텔은 안정감을 준다. 파스텔은 크레파스를 다룰 때보다는 성숙해야 하고 색연필보다는 세밀하지 않아도 그림의 표현이 가능하고 경계가 뚜렷하지 않아 꿈을 꾸는 듯한 환상적인 표현이 가능하다. 이 수업은 아이들의 작품을 모아 각자의 이야기를 풀어 놓게 하고 그것을 엮어 한편의 동화책을 만들어 가는 재미있는 스토리 텔링 수업이 될 것이다.

1학년-동화, 2학년-우화와 전설, 3학년-구약성서 이야기 등

1~2학년을 위한 진정한 동화에는 시간과 공간의 관점이 없다. 모든 것이 평면 위에서 진행한다. 아이들이 상상을 자극하고 강렬한 느낌을 불러일으킬 수 있는 극적인 장면들이 있다. 아이들은 그림이 완성되면 금방 흥미를 잃어버린다. 1학년에서 밀랍 크레용, 오일 크레용, 색연필을 이용할 때 의지의 힘이 활동하며 그 힘을 통해 이야기를 소화한다.

이 시기에 라푼젤 이야기는 이야기 속에 등장하는 인물들의 감정과 위험에 대한 대처 능력의 표현으로 이 시기 아이들에게 용기와 희망을 준다. 왕자가 사냥 가다가 라푼젤이 부르는 노랫소리를 듣고 탑에 올라갈 궁리를 하고 있는데 창문에서 땋은 금발 머리를 늘어뜨린 라푼젤과 왕자가 만나는 장면을 마녀가 목격하게 된다는 이야기이다.

숲속에 있는 어두운 탑은 파랑으로 칠하고 주변 역시 파랑으로 칠한다. 그런 다음 아이들이 어둠 속을 늘어뜨린 라푼젤의 금발 머리처럼 환하게 빛나는 노랑을 칠하는데 머리카락을 그릴 공간을 염두에 두고 미리 탑의 한쪽을 약간 비워 두어야 한다. 다음엔 왕자의 망토처럼 빛나는 빨강이 노랑을 향해 온다. 빨강이 조금씩 탑의 파랑으로 번지면서 탑은 보라가 된다. 이야기 속 등장인물의 표현은 색이 중심이 되어야 한다. 그렇지 않으면 인물이나 사물에 대해 있었던 사실과 사건 위주로 표현하게 되는 사실

상 선으로 표현하기 때문에 소묘하기 시작한다. 즉 색을 말할 때 항상 그 특성을 함께 이야기한다. 이야기는 모든 사건에 위기와 해결 같은 나름의 구조가 있다. 이 동화의 가장 큰 특징은 마법과 구출이다. 마법에 걸리면 분위기는 급변한다. 아이들은 상상의 세계 속으로 빠져든다. 처음에는 온통 황금빛의 분위기지만 위험이 다가오면서 모든 것이 어두워지고 긴장과 두려움, 슬픔이 다가오면서 빛의 세계는 사라진다. 이야기를 진행할 때 상상력을 발휘해야 할 것이다. 황금빛 주황이 어두운 파랑을 만나면서 노랑을 향한 마법을 걸어 초록으로 만들어지는 것처럼.

'구원'이라는 주제를 가지고 연결하면 이 순서를 거꾸로 해서 색이 점점 밝아지게 한다. 노랑 위에 파랑을 칠해 노랑을 어둡게 만들어야 초록이 되는데, 초록 옆에 순수한 노랑을 칠하면 마법이 풀려 노랑은 해방이 되고 꽃봉오리에서 꽃이 피듯 초록에서 노랑이 나오게 된다. 잠자는 숲속의 공주라는 동화 이야기에서는 먼저 진청으로 칠해 놓은 공간에 어두운 덤불 울타리를 왕자의 칼을 찬란하고 빛나게 가르는 노랑은 구원이라는 주제에 잘 맞는다. 그렇게 울타리에는 초록이 생겨나고 그 끝에는 빨간 장미가 생겨난다. 아이들의 영혼 속에는 기쁨과 슬픔, 희망, 실망 같은 감정들이 생겨나고 아이들은 이런 장면들을 자유롭게 그림으로 표현한다. 무엇을 강요하거나 극적으로 과장하지 말아야 한다. 중요한 것은 '어떻게 이야기를 들려 주느냐'가 색깔 속에 그대로 반영될 것이기 때문이다.

3학년 수업에서는 악에 굴복하기 쉬운 인간 이야기를 담은 구약성서를 이야기의 주제로 선택한다. 신의 노여움과 모세의 분노와 두려움은 빛과 어두움을 경험하는 빨강과 파랑의 색으로 표현한다. 또한 다윗과 사울의 강렬한 대립은 어두운 파랑, 보라, 초록과 노랑-주황, 빨강이 대조를 이루고 밝은 쪽이 어두운 쪽을 향해 확장해 어둠을 밝히게 돕는다.

4학년부터는 주변 세상을 객관적이고 의식적으로 지각하기 시작하기 때문에 이 시기부터 수채화를 진행하기가 힘들다. 구약성서의 절대 신성의 세계가 지나고 인간의 상상력을 뛰어넘는 방대한 규모의 신들의 세계가 펼쳐지는데 이 시기 아이들에게 많은 감정을 표현하게 하는 것이 힘들며 상상력과 창조성을 북돋워 강요하는 것처럼 보인다. 파스텔의 특징인 섬세함의 표현으로 사과를 먹어 보기도 하고 당근과 무를 관찰해 정밀화 기법으로 그려 보게 하자. 주인공인 당근과 무 옆에 토끼나 다른 곤충과 벌레를 그려 봄으로써 재미있는 스토리의 동화가 탄생한다.

발도르프 교육에서는 읽기와 쓰기를 천천히 그리고 단계적으로 배우므로 그림을 문자 학습과 연결한다. 3학년 공책에 나오는 문장은 짧고 단순하다. 크레용으로 굵고 짧으며 면적을 넓게 칠할 수 있는 크레용으로 칠하여 설명하고 보충한다.

교사는 사진보다 직접 그린 칠판 그림(파스텔 같은)을 활용한다. 교사나 학생들 스스로 그린 그림은 아이들의 다른 기질과 발달에 따라 다른 흐름과 다른 교육 방식으로 이끌고 그렇게 아이들에게 흡수되어 사고의 확장을 이룬다. 그 의도를 더 잘 이해할 수 있기에 이미 완성된 사진보다 교사가 그 자리에서 직접 그리도록 한다.

v. 수공예

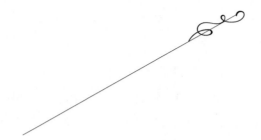

　수공예 활동 중 인형 만들기는 심리·치유적인 요소들이 있다. 아이들은 따뜻한 성질의 실크나 면, 양모 실, 자연 매체 등으로 입체적인 무언가를 만들기를 좋아한다. 단계별로 학년별로 배웠던 기하학 수업과 수학적 사고 형성의 도움으로 교사는 코바늘을 보여 주면 아이들은 그것을 모방하는 듯 하지만 결국 아이들은 스스로 뜨개질을 어떻게 하는지 터득하게 된다. 하나의 실을 엮어 문양을 만든다는 점에서 수공예와 형태 그리기는 같은 범주에 속한다. 상급 과정에서는 자수나 바느질로 옷을 장식할 때, 염색 문양이나 장식에 형태 요소를 자유롭게 표현하게 된다.

　9학년은 새로운 형태의 예술 수업의 시작으로 전문가가 투입되는 시기다. 이제 아이들 스스로 사고하고 판단을 내릴 수 있어야 하며 교사는 더 이상 권위를 강요해서는 안 된다. 아이들은 자신의 통찰에서 나온 요구에 따라 움직이고 싶어 한다. 교사는 아이들을 앎에서 통찰로 이끌어야 한다. 사춘기 직전까지 자유롭게 누렸던 상상의 힘은 이제 사라지고 새로운 감성의 힘과 이해 능력이 생겨난다. 지성에 감성의 힘을 깃들게 함으로써 예술은 '부드러운 법칙'으로 진정한 조력자가 된다.

이 시기를 지구적 성숙의 단계(내적인 혼란과 반항적인 행동의 원인으로 자신의 감정 뒤에 영혼이 없는 듯 낯설음과 세상에 대한 경험 부족한 단계)라 하고 이제는 사고 속에서 세상을 파악해야 한다. 사춘기 교육의 주된 주제는 아이들에게 실제 삶을 만나게 하는 것이다. 청소년들은 인간의 손으로 만든 세상을 직접 경험해 보아야 한다. 이 위기의 청소년들에게 줄 수 있는 가장 큰 도움은 종교적-도덕적 소양과 함께 예술적 감각을 키워 주는 것이다.

아이들이 다양한 예술 활동과 함께 세상을 아름답게 바라볼 수 있으면 개성을 자유롭게 펼치는 시기에 자기 신체를 무거운 짐으로 여기지 않고 편안히 받아들일 수 있을 것이다. 개별성이 자라는 것을 느끼고 이해해야 한다. 이런 이해가 있어야 이 팽팽한 긴장의 시기를 버티게 해주는 강력한 유대가 교사와 학생 사이에 형성될 수 있고 이 어려운 시기에 유머 감각이 유용하고 쓸모 있는 자산이 된다.

vi. 조소

아이들의 신체적 시각에 큰 활력을 주는 조소는 특히 조각가는 죽은 재료에 생명을 불어넣는 사람이다. 죽어 있는 것을 살려 입체적으로 형상화 시키기도 하고 눈에 보이는 공간 뒤에 눈에 보이지 않는 힘의 세계를 표현하기도 한다. 공간 속에서 형태를 창조하는 힘을 느끼고 그 힘을 형성 원리로 삼아 자신의 조각 작품에서 그 힘을 표현한다. 활은 굽은 면을 형성하지만 안에서 빨아들이는 힘은 우묵한 면에서 나온다. 힘의 형성력은 안에서 밖으로 나오거나 밖에서 안으로 표현하는 방식이 있다. 중력과 반대 방향으로 표현하는 방법이 있는데 이러한 힘으로 조각가는 오목과 볼록의 형태를 만든다. 조소로 만든 곡선을 비틀면 식물에서 볼 수 있는 선의 움직임과 닮은 것을 볼 수 있다. 입체적 조소의 힘은 척추에 힘을 얻어 직립 보행 하는 인간처럼 위로 높게 만들면 낮아진 신체의 힘을 위로 끌어올릴 수 있다. 실제 신체 에너지가 낮은 내향형 아동 또는 우울 기질의 아동, 노인들에게 적용할 때 치료 효과를 가진다.

단순한 형태 만들기를 통해서도 아이들은 창조의 과정과 원리를 직접 만나고 체험한다. 이 관계를 바탕으로 아이들은 자연에서의 작용하는 형성력을 이해하고 느낀다. 부드러운 점토에서 단단한 나무나 자연석 재료로 넘어가는 것이 좋다.

힘의 기술과 계획성을 요구하는 이 수업은 사춘기에 적합하다. 나무는 살아 있는 재료이므로 종류에 따라 색깔, 냄새, 단단한 정도가 모두 다르다. 즉, 자연과 생명에 대한 수업이 된다. 힘을 쓴다는 것은 의지를 경험 깊은 것으로 들여와 단련한다는 것을 의미한다. 수업 시간에 만드는 것은 모두 목적에 맞게 쓰여야 한다는 것이다. 경험하는 냄새와 소리, 노동의 느낌은 오래도록 잊을 수 없는 강한 인상을 남긴다. 또한, 흙으로 만든 형상을 똑바로 세우면서 아이들은 자기 안에 있는 직립의 힘을 강화한다.

10학년 예술사 수업의 중심은 시와 언어. 11학년에서는 음악의 미학을, 12학년에는 건축의 발달 과정을 배운다. 그리고 지구의 운명에 대해 자신도 일정한 책임을 지고 있다는 것을 배운다.

공간에 대한 감각이 아직 생기기 전의 나이지만 9세 즈음 입체 도형이나 도형 같은 조소를 도입한다. 8학년을 지내면서 아이들의 그림에서는 형태나 명암을 지나치게 강조하는 경향이 있다. 이때 형태 그리기의 연장선으로 등장하는 것이 조소와 흑백 소묘다.

조소 형태는 인간 유기체 그 자체다. 인간의 신체를 형성한 힘이 바로 그 형성력이기 때문이다. '조소적 해부학'-여기서 중요한 것은 외형을 똑같이 모방하는 것이 아니라, 그 형태를 만든 힘의 작용을 느끼고 그 힘을 조소로 시각화하는 것이다. 또한 '생명의 창조적 원칙으로서의 변형'이라는 주제로 특히 주목하면서 인간학의 수업과 연계해서 척추 뼈가 두개골이 되는 변형을 만들어 보게 하고 제시한다. 3~4학년이 아이들의 손끝 감각이 섬세해지면서 손은 공간 속 형태를 경험할 수 있게 하는 훌륭한 도구로 성장해 왔다. 구를 만드는 사람의 손은 말하자면 구를 형성하는 힘의 도구다. 형성하는 힘과 내부에서 밀어내는 저항의 상호 작용 결과로 하나의 형태가 생겨난다. 형상을 창조하는 것은 그 형성력을 얼마나 경험하느냐에 따라 달라진다.

모든 형태는 힘의 작용이 결과로 생겨난다. 매끈한 원은 완전한 조화를, 다른 원은 주변과의 대립을, 가장자리가 구불구불한 원에서 물결 모양은 외부의 힘이 밀고 들어가 내부의 힘을 제압하면서 불룩 튀어나온 것처럼 보인다. 내부에서 오는 새로운 의지의 힘이 움직임을 만들어낸 것이다. 예를 들면, '정복'이나 '극복'이 느낌일 수도 있고 단순히 '무슨 일이 일어나고 있다'는 느낌일 수도 있다. 내적 생명의 원초적인 현상(생명감)의 의미를 생각해 보자.

조소의 목표는 양극성 힘의 조화로운 균형 상태를 만들어 내는 것이다. 중력과 반중력의 대비가 형태 속에서 시각화되어야 한다. 반추동물인 소는 자신의 무게에 구속된 존재로 전형적인 가만히 쉬는 것이지만 말의 본성은 움직일 때 가장 잘 드러난다.

직립은 중력을 극복하는 과정이다. 인간의 손과 발은 자유로워졌지만 동물의 팔은 주로 신체를 이동하는 수단이다. 이렇게 높은 단계로 형태를 발달시키는 과정에서 청소년들에게 깊은 인상을 남긴다. 그들 스스로의 신체의 무거움을 자각하며 그것을 극복하기를 갈망하는 단계를 거치고 있기 때문이다. 자유로운 개별성을 향한 그들의 가장 내밀한 열망을 자극한다.

- 구: 단순한 입체 위로 빛과 그림자가 어떻게 드리워지는지를 관찰하는 것→형태와 형태 사이에 어리는 빛과 그림자를 정밀하게 표현하는 것 →주변부터 시작해 공간을 남긴다는 것이 중요! 이는 대상을 고립시키는 것이 아니라 전체적인 배경 속에 대상을 위치시키라는 뜻이다. 그래야 전체 속에서 그 형태가 생겨난 것처럼 보이기 때문이다.

- 정육면체: 모서리와 면이 중간 과정 없이 곧바로 만나 도형의 면이

늘어날수록 그 속에 존재하는 빛과 어둠의 종류도 다양하고 그리기도 훨씬 재미있다. 모든 면에 떨어지는 빛의 관계가 다 다르기 때문이다. 이것은 미묘한 차이를 감지할 수 있느냐의 문제다. 빛의 관찰은 모든 사물이 살아 움직이고 말을 걸어오는 신비로운 사색의 분위기와 연결해본다.

아이들은 이미 기본적인 이 현상을 알고 있으며 약간의 자극만 주면 그것을 의식적으로 체험할 수 있다. 위에서 내려오는 빛은 지상 세계를 천상과 연결하고 거기서 아름다움이 생겨나나 아름다움을 지각하고 창조적인 활동으로 아름다움을 구현해야 한다.

아이들은 어떻게 빨리 가르치느냐가 아니라
어떻게 충족시킬 것인가가 중요하다. 왜냐하면 어린 시절이 축소되면
어른이 되어서도 충족시킬 수 없기 때문이다.

부록

발도르프 미술 수업 Tip & Talk

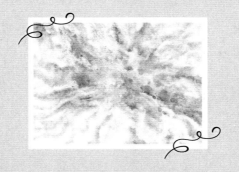

i. 발도르프식 그림 그리는 방법

사람을 그리거나 사물을 그릴 때 우리는 먼저 테두리를 그린 후 채우거나 졸라맨을 연상케 하는 선을 긋고 나서 이어 연결하는 방식으로 그려 왔다. 그러나 발도르프에서는 사람도 조그만 점에서 시작해 몸이 생겨나고 생성 과정을 관찰하여 보여 주고 점에서 시작해 선으로 연결하고 그 선은 형태로 나타나게 그리게 한다. 사각 크레파스를 뉘어서 돌려 가며 몸통을 그리고 머리와 팔, 다리를 그린다. 그리고 만약 보라색 원피스를 입었다면 원피스 색깔을 다시 덧대어 그린다.

나무도 마찬가지다. 나무가 자랄 수 있는 환경에 필요한 색을 칠하고 그 위에 씨앗부터 그리고 뿌리. 줄기의 순서대로 마지막에 나뭇잎이 그려지는 방식이다. 이렇게 선 중심이 아니기 때문에 넓적하게 그릴 수 있고 손에 잘 묻지 않는 사각 크레파스가 좋다.

작품을 보관하는 책을 만들 때는 5절지 도화지와 색상지를 접고 옛 책 만들기 방식으로 실을 꿰어 만든다. 이 과정은 중학교 이상은 담임과 만들어도 되고 저학년은 학부모나 수업 협력 교사의 도움을 받으면 된다. 그림을 그릴 때, 집짓기라 하여 종이 외곽 테두리를 연하게 그려 주고 주제와 관련된 그림을 교사가 먼저 그려서 시범을 보여 준다. 기본적인 주제는 교사가 이끌고 그 외 부수적으로 꾸미는 부분은 아이들에게 창의성을 부여한다.

문장도 역시 교사가 똑같이 칠판에 써 준다. 단, 쓸 때, 명사, 동사, 조사 등 품사에 따라 색깔을 달리 정하여 쓰게 하고 띄어쓰기는 별표 표시를 해서 아이들이 굳이 받아쓰기하지 않아도 자연스럽게 국어 공부를 하도록 한다.

그림 그리는 방법이 어렵지 않기 때문에 그리 오래 걸리지 않는다. 학년이 올라갈수록 그림과 글이 정교해지고 집중력과 안정감을 주는 집짓기 테두리 장식도 아이들 스스로 창의성을 발휘해 멋지게 변해 간다고 하셨다.

ii. 시와 노래로 감각 깨우기:
몸동작과 함께

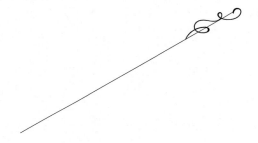

(1)

산은 숲을 품고

숲은 나무를 품고

나무는 새둥지를 품고

새둥지는 새를 품고

새는 노래로 온 산을 품는다.

(2)

나는 행동 의지의 혼돈을

생각의 지혜 빛으로 다스린다.

나는 생각의 굳어짐을

행동 의지의 따뜻한 사랑으로 풀어 준다.

이렇게 인간 자아는

세상을 마주하여 맺으며 푼다.

(3)

마음속 바람이 움트고

의지의 행동이 자라나며

삶의 열매가 여물어 갑니다.

내 운명을 느끼며

나의 운명이 나를 찾아냈습니다.

내 별을 느끼며

나의 별은 나를 찾아냈습니다.

내 목표가 느껴지며

나의 목표가 나를 찾아냈습니다.

마음과 세상이 하나가 됩니다.

삶이 내 주변에서 더 밝게 빛나며

때로는 힘겹기도 하지만

삶은 내 안에서 더욱 풍요로워집니다.

iii. 수업 방식

수업 내용의 구체화 방안이 중요하다.

(상상력과 호기심→구체화(관찰)→창의적 사고로 실현)

Q1: 고양이 무엇을 할 수 있을까요?

A1: 점프해서 쥐를 잡을 수 있다.

Q2: 그럼 식물은 무엇을 할 수 있을까요?

A2: 자란다, 꽃을 피운다. 시들어 죽는다, 영양을 섭취한다 등

Q3: 새는 무엇을 할 수 있을까요?

Q4: 인간은 무엇을 할 수 있을까요?

사물에 대한 정의를 내리지 말고 특징을 파악하라. 사물의 특징을 파악하면 사고가 성장하고 발전할 수 있다. 정의를 내리게 되면 고정된 관념이 되기 쉽다.

* 특징짓는 과정에 도움이 되는 기술 중 하나는 단순히 먼저 이름을 언급하지 않고 호기심을 가질 수 있도록 하는 것이다.

9-12살 어린이들은 기억력이 크게 발달한다. 이것은 4학년 어린이들의 심장 성장과 관련이 있다. 심장이 피를 많이 담을 수 있기 때문이다. 이로써 신체적인 변화로 연결되고 맥박 수와 혈압의 조화가 이루어진다.

* 특징과 비교 분석을 통한 개념 이해: 비교나 분석이 단순히 글을 읽는 것보다 더 도움이 된다.

- 그림이나 표로 배운 것을 표현한다. 이때 혼자 하지 않고 조를 구성하여 토의, 토론하며 만들어 낸다.
- 배운 것을 실제로 그림으로 그려 표현해 본다. 여기서는 칠판과 미니 칠판 여기저기에 그림을 그린다.
- 그림으로 표현한 부분에 글이나 시를 추가하여 표현한다.
- 마지막으로 같이 모여서 그림에 대한 느낌을 표현한다. 그림의 색깔이 주는 의미를 같이 찾는다.